QUE SA

L'Islam contemporain

ALI MERAD
Professeur émérite
(Université de la Sorbonne Nouvelle - Paris III)

Sixième édition mise à jour

36e mille

DU MÊME AUTEUR

AUX PRESSES UNIVERSITAIRES DE FRANCE

L'exégèse coranique, coll. « Que sais-je ? », n° 3406.
La tradition musulmane, coll. « Que sais-je ? », n° 3627.

CHEZ D'AUTRES ÉDITEURS

N'avons-nous pas le même Père ?, avec Armand Abecassis et Daniel Pézeril, Éd. du Chalet, 1972, 152 p.

Charles de Foucauld au regard de l'Islam, Éd. du Chalet, 1975, 144 p.

Lumière sur Lumière. Pages d'Islam. Introduction à la Pensée islamique, Éd. du Chalet, 1978, 128 p.

Le Réformisme musulman en Algérie de 1925 à 1940. Essai d'histoire religieuse et sociale, Paris - La Haye, Mouton & Cie, 1967, in-8°, 472 p.

Ibn Bâdîs, commentateur du Coran, Paris, P. Geuthner, 1971, in-4°, 267 p.

Article « Islāh » (Réforme, réformisme), dans l'*Encyclopédie de l'Islam,* Leiden, E. J. Brill, 1973, t. IV, p. 146-170.

Islam et Christianisme en dialogue, avec Jean-Paul Gabus et Youakim Moubarac, Paris, Éd. du Cerf, 1982, 188 p.

ISBN 2 13 052861 9

Dépôt légal — 1re édition : 1984
6e édition mise à jour : 2002, mai

AVERTISSEMENT

Ce volume se propose de présenter sommairement l'Islam dans ses réalités contemporaines, à savoir une aire géopolitique, un « espace d'histoire », un champ socioculturel où s'inscrit le devenir de l'*Umma* islamique ; une communauté qui représente près du quart de l'Humanité.

Les références qui attestent l'unité de la communauté islamique ne définissent pas pour autant un monde monolithique. Elles ne sauraient masquer les disparités d'ordre sociologique, les clivages religieux, les antagonismes politiques tenant aux options idéologiques propres à chacune des composantes de l'*Umma*.

Point question pour nous ici de rendre compte d'une telle complexité tant au niveau de l'histoire que de la réalité sociale. Nous nous bornerons à marquer les grandes lignes d'évolution et à situer les points de repères essentiels. Cette nécessaire simplification sera parfois commandée par les similitudes qui caractérisent l'évolution de plusieurs pays musulmans, soumis d'abord aux mêmes tutelles étrangères, engagés ensuite dans un même processus de libération nationale, puis dans une quête du progrès social, économique et culturel identique à celle de la plupart des pays en développement.

Il en va de même de la complexité des problèmes que connaît actuellement le monde musulman du fait de l'accélération des changements sociaux et de l'émergence d'idéologies politico-religieuses en rupture soit avec le conservatisme des orthodoxies traditionnelles, soit avec les audaces modernistes des régimes laïques. Devant le foisonnement des doctrines islamistes et révolutionnaires, on ne peut qu'esquisser les thèmes d'un débat aux dimensions planétaires.

En outre, vu les ressources de notre documentation (essentiellement en langues arabe, anglaise et française), notre regard ne pouvait embrasser tous les horizons de la pensée islamique contemporaine. Sur l'Islam en Chine, par exemple, on ne dispose que de faibles lueurs. On ne perçoit que de lointains échos des communautés musulmanes d'Extrême-Asie, d'Asie centrale, d'Afrique du Sud, des Caraïbes ou d'Amérique du Sud, sans parler de communautés auxquelles les régimes en place n'offrent aucun moyen de communication avec le monde extérieur.

Que l'on veuille nous pardonner maintes lacunes ou insuffisances. Les grands ensembles masquent inévitablement les réalités les plus humbles et le plus souvent hors de portée pour l'historien. Mais ce sont les grands ensembles géopolitiques et culturels qui confèrent à la Communauté musulmane sa véritable stature historique ; et c'est à travers eux qu'aujourd'hui le monde s'interroge sur l'Islam et son message.

NB. – Pour les noms de personnes (Mohamed, Rachid, etc.), on s'en tient à l'usage courant en langue française. Dans la terminologie islamique, on adopte, autant que possible, la graphie de l'*Encyclopédie de l'Islam*.

Introduction

L'ISLAM : OMNIPRÉSENT ET LOINTAIN

Le surgissement de l'Islam à tous les niveaux de la vie internationale constitue l'une des données majeures de l'histoire contemporaine. Objet d'incessantes interrogations, notamment depuis les deux dernières décennies, l'Islam fait désormais partie de l'actualité. Source d'inquiétudes pour les uns, redoutable énigme pour d'autres, il représente une sorte de défi à l'intelligence occidentale qui, durant plus d'un siècle, érudition orientaliste à l'appui, pouvait croire avoir cerné le fait islamique dans ses diverses dimensions.

Les révolutions et réactions de toutes sortes dont le monde musulman est actuellement le théâtre apportent chaque jour une remise en cause d'une certaine vision occidentale de l'Islam, fondée plus souvent sur des stéréotypes que sur une connaissance vraie. Tout l'arsenal d'idées reçues à propos de l' « Orient », des Arabes et du monde musulman est en train de voler en éclats. Les médias offrent à des millions d'hommes la découverte de nouveaux visages et paysages d'Islam, révélant par là même l'inanité des représentations conventionnelles. Certains s'en tiennent à leurs certitudes familières au sujet de l'Islam ; mais beaucoup cherchent à s'informer, à comprendre. Il ne s'agit plus d'une curiosité docile aux mirages de l'exotisme, mais d'un réel éveil des consciences devant le fait islamique dans le monde d'aujourd'hui.

Les mutations en cours dans le monde musulman

sont encore loin d'être perçues de l'extérieur, notamment en Europe, comme une étape normale dans l'évolution de ce dernier vers de nouveaux équilibres sociaux et politiques. On a trop souvent tendance à voir dans l'effervescence actuelle du monde islamique une menace potentielle pour la paix et la sécurité économique des nations concernées. On évoque des épouvantails d'un autre âge (le « Croissant contre la Croix », etc.) ; on suppute les risques de violences sous l'emblème de la « guerre sainte », là où une lucide analyse autoriserait un diagnostic moins alarmiste.

Car, au-delà de certaines turbulences marginales, il s'agit en fait de réactions de défense face à la modernité, perçue comme une projection de l'hégémonisme politico-économique de l'Occident. D'où la véhémente contestation de la civilisation occidentale, non pour ses valeurs propres, mais pour ce qu'elle représente de symboles d'aliénation. D'où cette quête permanente de l'authenticité, qui fait appel au ressourcement dans la foi et la culture islamiques, à travers un discours de type fondamentaliste. D'où cette palpitante prise de conscience de peuples autrefois résignés dans leur univers d'archaïsme, et auxquels les idéologies – ou théologies – de libération inspirent une ardente exigence de justice et de dignité. D'où l'impression d'un vaste ébranlement, qui gagne de proche en proche l'ensemble du monde islamique.

L'ampleur du phénomène est à l'échelle de l'aire géopolitique et culturelle que représente le domaine de l'Islam. Là se situe un ensemble d'un milliard et demi d'hommes, qui cherchent à prendre place dans l'histoire, après avoir été longtemps refoulés de la scène internationale. Émergeant à peine de la décolonisation (dans les années 1960-1970), et menant la bataille du développement économique, social et culturel dans des conditions particulièrement défavorables, nombreux sont les pays musulmans en pleine crise de croissance ; mais aussi en quête d'une identité, d'une stabilité politique, d'un équilibre socioculturel (à défaut d'un véritable consensus national), là où les disparités d'ordre ethnique et linguistique, voire les antagonismes religieux, entravent l'édification de structures institutionnelles dignes d'un État moderne.

Par ces remarques préliminaires, on veut simplement souligner la nécessité d'une juste connaissance de l'Islam, d'une meilleure compréhension des réalités et des mentalités de ce grand ensemble humain que forme le monde musulman. Si l'importance du fait islamique requiert l'attention des acteurs politiques et des médias, les écrits consacrés à l'Islam peuvent déconcerter le musulman. Car s'ils dénotent un regain d'intérêt pour les réalités du monde islamique, ils confèrent souvent à ces réalités une dimension d'*étrangeté* au point de les rendre inintelligibles pour l'opinion publique.

À la fois omniprésent et méconnu, obsédant mais tenu à distance, l'Islam continue d'être considéré sous le signe de l'ambiguïté. On admet son monothéisme, mais on l'oppose souvent aux autres « religions du Livre » ; on se souvient vaguement de son apport à la civilisation universelle, mais on le croit irrémédiablement frappé de stérilité scientifique ; on le catalogue définitivement comme un éternel débiteur en matière de technologies et de modèles culturels ; on se refuse à l'imaginer capable d'offrir au monde un quelconque enrichissement ou le moindre « supplément d'âme ».

Pis encore. À travers le traitement de l'information et la présentation des faits d'actualité, il n'est pas rare de voir l'Islam associé à des images archaïsantes ou rébarbatives. De telles visions ne peuvent que renforcer les représentations dépréciatives portant sur les musulmans en tant que tels. Au plan politique, les griefs ne manquent pas non plus pour stigmatiser les régimes musulmans : les uns, jugés excessifs dans leur ardeur révolutionnaire ; les autres, figés dans leur conservatisme despotique.

Tel apparaît aujourd'hui le tableau des rapports entre le monde occidental et le monde islamique. La dure logique des intérêts nationaux, une profonde disparité d'ordre culturel, une méfiance irrationnelle autant qu'immémoriale ne laissent qu'une marge étroite pour une réelle communication entre ces deux grandes aires de civilisation. Pourtant, leur interdépendance s'inscrit dans la nouvelle configuration du monde, en vertu des liens noués à l'époque coloniale, sans parler des échanges établis, de tout temps, autour du Bassin méditerranéen. À ces données d'histoire s'ajoutent des impératifs inhérents au nouvel ordre économique : autant de raisons susceptibles d'inciter l'Occident et le monde musulman à forger ensemble une politique d'entente et de coopération dans tous les domaines.

Pour être bénéfique de part et d'autre, cette nécessaire coopération gagne à s'établir dans la connaissance et la reconnaissance réciproques. Elle nécessite une volonté de compréhension mutuelle, par-delà les griefs séculaires, et malgré les séquelles du colonialisme. Les besoins du monde musulman sont immenses, vu ses retards dans les domaines socio-économique et technologique. Mais autant il aspire à la coopération avec l'Occident, autant il en redoute les visées hégémoniques, tout aussi aliénantes que les anciennes dominations coloniales.

Dans ses rapports actuels avec l'Occident, le monde musulman ne privilégie nullement les aspects matériels. Pour vitaux qu'ils soient, les échanges économiques ne sauraient constituer la finalité de ces rapports, à l'exclusion des relations humaines et culturelles. Or les aspirations du monde islamique et ses valeurs de civilisation semblent peser assez peu au regard des pays d'Occident, armés de certitude quant à leur supériorité en toutes choses. Concernant le sort de minorités ou de peuples musulmans (Bosnie-Herzégovine, Cachemire, Kossovo, Palestine, Philippines, Tchétchénie, etc.), le point de vue islamique rencontre rarement la compréhension et le soutien des Puissances occidentales.

De là vient la contestation grandissante en pays d'Islam vis-à-vis de l'Occident et de ses valeurs. Des multitudes musulmanes se dressent contre certains modèles culturels et politiques où elles voient l'incarnation d'un Occident qu'elles récusent. Ainsi des valeurs comme la laïcité, l'égalité des sexes, la démocratie même, sont-elles parfois rejetées comme signes d'un « alignement » et d'un aveu de dépendance à l'égard de l'Occident.

Pour toutes ces considérations, on conçoit la nécessité d'un regard intérieur sur l'Islam et ses réalités actuelles. Loin de nous l'idée que rien n'ait été entrepris dans ce sens. En Europe comme en Amérique, des voix de plus en plus nombreuses appellent le monde occidental à connaître l'Islam en vérité, à le considérer tel qu'il se manifeste réellement, et non d'après des images de substitution, à la fois déformantes et dépréciatives[1]. Ce qui implique une observation participante, mobilisant les ressources de l'intelligence et du cœur : conditions nécessaires pour dépasser les préjugés charriés par une longue tradition culturelle à tendance européocentriste.

Le présent ouvrage ne prétend pas constituer la synthèse de ce qui s'écrit sur l'Islam, et de ce qui s'exprime à travers le vécu sociopolitique du monde

1. Voir l'ouvrage très documenté d'Edward W. Said, *Orientalism.*

musulman dans ses diverses composantes. Il se propose de présenter un ensemble d'éléments introductifs à une plus juste approche de l'Islam dans son évolution historique et culturelle depuis la fin du XIXe siècle ; c'est-à-dire à partir du moment où la conscience islamique émerge définitivement de son univers prémoderne, sous l'impact des dominations étrangères et des premiers transferts culturels (dans le sens Occident-Orient). Dès lors, la plupart des peuples musulmans s'éveillant aux réalités du monde nouveau se trouvent brusquement confrontés avec les problèmes et les défis de la modernité, en même temps qu'ils entrent de plain-pied dans la civilisation de l'ère contemporaine.

Chapitre I

L'ISLAM AU SEUIL DES TEMPS MODERNES

Voilà plus d'un siècle que le monde musulman est entré dans une phase de renaissance, après ce qu'il est convenu d'appeler les siècles de stagnation culturelle. Nous examinerons plus loin la problématique de ce renouveau, et passerons en revue les thèses de source musulmane tendant à expliquer les retards islamiques dans le domaine des sciences et, par voie de conséquence, dans celui de la civilisation matérielle.

I. – Le problème de la périodisation

Dans un champ aussi vaste que celui de l'histoire culturelle de l'Islam (qui s'étend sur quatorze siècles et couvre un large éventail de sociétés humaines), il est malaisé de définir une stricte périodisation. En outre, les critères d'appréciation risquent d'être entachés de subjectivité. Selon un schéma classique de l'orientalisme, l'histoire culturelle du monde musulman se résume en trois grands moments :

a) la phase de l'Islam triomphant, militairement et culturellement : *grosso modo,* du milieu du VIIe au milieu du XIIIe siècle (point de repère crucial : en 1258, les Mongols saccagent Bagdad, capitale de l'Empire abbasside) ;

b) les siècles de déclin culturel (milieu du XIIIe - fin du XVIIIe siècle) ;

c) la renaissance moderne, sous l'impact de la pénétration britannique en Inde (fin du XVIIIe siècle - début du XIXe) et de l'Expédition française d'Égypte (1798-1801).

Cette schématisation est loin d'être satisfaisante d'un point de vue musulman. Le concept de *déclin culturel* est récusé par les musulmans ; ils le jugent inadéquat, compte tenu de la diversité socioculturelle en pays d'Islam ; en outre, il reflète une méconnaissance des données positives de la culture islamique, en dehors de la période – universellement connue – de l'« âge d'or » de l'Islam.

Un large courant de recherches à travers le monde musulman tend à réhabiliter ces « siècles de décadence » en réfutant cette conception établie en Occident (et parfois reprise en Orient) comme un acquis scientifique. L'argument fondamental de la critique musulmane, c'est que les orientalistes et leurs disciples arabo-musulmans font abstraction de la spécificité de l'Islam et de l'esprit de sa culture. Ce qui apparaît aux yeux de l'Européen, vers la fin du XIXe siècle, comme un état de décadence, compte tenu des critères d'alors (positivisme, scientisme, culte du machinisme, valorisation de l'individualisme, etc.), peut être perçu par le musulman comme un signe de vitalité spirituelle. Bien plus, pour les musulmans plaçant l'idéal non dans la frénésie de la civilisation industrielle, mais dans la permanence d'une vie simple, dans une société fraternelle, l'adoption des modèles culturels de l'Occident peut s'interpréter comme un symptôme d'aliénation et de déclin.

1 / Jusqu'aux XIIIe-XIVe siècles, le monde musulman conserve une nette avance dans le domaine philosophique et dans bien d'autres disciplines où les recherches sont encore indécises en milieu chrétien. Pour de grands esprits européens, de Roger Bacon, le *Docteur Admirable* (1214-1294), à François Rabelais (1494-

1553), la culture arabo-musulmane est une culture de référence. Elle est en effet capable de former un génie de l'envergure d'un Ibn Khaldoun (1332-1406), avec lequel la Raison affirme sa prééminence dans l'élaboration du savoir.

2 / À la fin du XIVe siècle et au début du XVe, parallèlement à la gestation de la Renaissance européenne, la culture islamique semble suffisamment outillée pour dépasser les cadres de pensée médiévale. Mais l'Europe, engagée dans l'ère des grandes découvertes, va devancer pour plusieurs siècles le monde musulman dans l'organisation du savoir sur des bases nouvelles. Avec les premiers acquis scientifiques et techniques, la diffusion de l'imprimé, et grâce à une dynamique socioculturelle sans égale en terre d'Islam, la Renaissance s'apprête à forger les instruments de la suprématie technologique et économique de l'Occident.

3 / Pendant ce temps (XVe-XVIe siècles), l'Islam continue de représenter une grande puissance militaire, sur terre et sur mer (malgré la défaite de Lépante, en 1571). La vigueur de l'Empire ottoman assure encore à de nombreux pays musulmans une relative autonomie politique ; mais il ne parvient pas à leur insuffler de grandes ambitions en matière de développement, ni en termes de projets culturels. Fondé sur un empire trop vaste et disparate, le système ottoman est peu propice aux échanges culturels et aux œuvres de création. À l'opposé de l'Empire abbasside (750-1258), qui a été un grand carrefour de cultures et un creuset de civilisation, l'Empire ottoman vivra d'emprunts hétérogènes échappant à tout principe unificateur.

Soumises mais non assimilées, les différentes nationalités n'apportent à l'Empire ni les énergies d'une adhésion féconde, ni les ressources indispensables au progrès social et matériel. Sous la tutelle nominale des

Ottomans, les peuples musulmans poursuivent leur évolution respective, dans des conditions plus ou moins favorables, d'après leur environnement géographique, leur potentiel économique, leur génie national.

Mais l'ère de l'élan créateur et des grandes productions de l'esprit semble toucher à sa fin, sur toute l'étendue de l'espace islamique. Le monde de l'Islam se retranche dans une sorte de clôture morale[1]. On note bien de-ci de-là quelques essais de rénovation doctrinale, par exemple au sein de l'École néo-hanbalite, illustrée par le théologien syrien Ahmad Ibn Taymiyya (m. 728/1328). Toutefois, dans ces efforts intermittents, dans ces œuvres invariablement attachées aux modèles classiques, aucune démarche résolument novatrice, aucune ouverture à l'univers culturel de la Chrétienté, aucune sérieuse tentative de synthétisation du savoir moderne, dans le genre de l'*Encyclopédie* de Diderot et d'Alembert (1751-1772). La domination des armes, qui conférait au califat ottoman sa légitimité, apparaissait comme son unique raison d'être. Mais ce régime semblait voué à un lent dépérissement, en raison d'irrémédiables carences.

4 / Après les succès foudroyants des XVe et XVIe siècles (1453, prise de Constantinople ; 1526, conquête de la Hongrie) et l'ultime offensive en direction de Vienne (assiégée à nouveau en l'été 1683), la puissance ottomane connaît une phase de reflux. Ce processus ira s'accentuant sous les effets conjugués de plusieurs facteurs : la prise de conscience européenne et le sursaut de la Chrétienté devant le « péril musulman » ; la résistance des nationalités hostiles à la présence turque ; enfin, l'incapacité du système ottoman à s'adapter aux exigences de la guerre moderne.

1. Depuis le IVe-Xe siècle, l'argument de la « clôture de la porte de l'*Ijtihād* » (ou libre recherche personnelle) accentue les tendances au repli sur les seuls acquis de la mémoire et de la tradition.

Dans ce rapide aperçu, on ne peut s'étendre sur la situation des empires et autres pouvoirs étatiques formant, avec l'Empire ottoman, l'ossature politique du monde musulman, à savoir : l'Empire des Safawides en Perse (1502-1736) ; l'Empire des Moghols en Inde ; les sultanats de Sumatra (depuis 1507) et de Java (depuis 1518) ; l'Empire chérifien au Maghreb (sous les dynasties saadienne et alaouite) ; les empires et royaumes du Centre-Ouest africain, notamment l'Empire songhaï (Niger-Mali)[1]. Du point de vue socioculturel, les grands ensembles musulmans à la périphérie de l'Empire ottoman n'étaient guère mieux armés que celui-ci pour s'engager, à leur tour, dans l'aventure scientifique et technologique des temps modernes.

II. – La fin d'une époque

Le dernier quart du XVIIIe siècle apparaît à tous égards comme un tournant décisif dans l'évolution du monde islamique. Jusqu'alors, la Communauté musulmane vivait dans un univers mental et culturel à l'abri des influences extérieures, comme en témoignent : la stabilité des cadres institutionnnels, des structures socio-économiques, du mode de vie intellectuelle ; la permanence des valeurs traditionnelles au sein de la famille et de la Cité.

Mais après avoir été, durant de longs siècles, profondément ancrés dans les certitudes de leur foi et de leur culture, à l'intérieur de frontières réputées inviolables, les peuples musulmans commencent à subir les assauts d'une Europe expansionniste.

Le choc colonial. – Les expansions coloniales sont d'abord perçues par les Musulmans comme de nou-

1. Cf. Marshall G. S. Hodgson, *The Venture of islam*, Chicago, 1974, vol. 3, p. 1-161 : tableau des empires islamiques dans leur évolution historique et socioculturelle.

velles croisades contre leur territoire. Elles déclenchent des réactions de défense, en ordre dispersé, sans grande efficacité devant la puissance offensive des Européens. Là où s'effondrent les structures politiques locales, la relève est assurée par des meneurs d'hommes sous la bannière de la foi : marabouts, chérifs (se réclamant de la descendance du Prophète), réformateurs de tous horizons, mahdis (fondateurs de courants messianiques), se dressent pour prêcher le réarmement moral de la Communauté, le retour aux sources de la Foi et la restauration de la tradition du Prophète comme voie de salut pour les Musulmans.

Les échecs historiques du monde musulman sont interprétés comme un avertissement de la Providence. Partant du principe coranique : « Dieu ne change pas la condition d'un peuple tant que celui-ci ne change pas en lui-même » (Coran, XIII, 11), les réformateurs établiront que : *a)* si les Musulmans connaissent un sort défavorable, c'est qu'ils ont démérité en raison du changement de leur comportement au regard des exigences fondamentales de la Révélation ; *b)* le salut résidera dans un changement qui les rende aptes à mériter la grandeur *(siyāda)* et le bonheur *(saʿāda)* auxquels ils aspirent.

Constamment repris, tel un leitmotiv, le verset précité formera l'argument central des discours islamiques de l'ère coloniale : les uns, centrés par priorité sur le thème de la guerre sainte, pour galvaniser les énergies dans la lutte contre l'occupant ; les autres, prêchant inlassablement l'urgente régénération morale et spirituelle de l'Islam.

En se mobilisant dans la lutte contre l'Europe pour sauvegarder leur foi et leur liberté, les peuples musulmans se sont trouvés, par la force des choses, engagés dans un processus de mutation socioculturelle : un processus gros de tensions entre les générations, les milieux sociaux et surtout – dans la classe intellectuelle – entre les partisans du modernisme et les défenseurs des valeurs de tradition, en tant qu'expression optimale du modèle islamique.

Ce débat dominera la pensée musulmane durant tout le XIXe siècle et le début du XXe. L'enjeu était considérable. Pour beaucoup, il apparaissait difficile de troquer la fidélité au patrimoine culturel de l'Islam, un certain type de relations humaines et un certain art de vivre dans la Cité musulmane, contre les modèles culturels de l'Occident et les attraits de la civilisation moderne.

Chapitre II

LE RÉVEIL ISLAMIQUE

Les dernières décennies du XIXe siècle ont été marquées par le réveil du monde musulman. Ce phénomène, à la fois politique et religieux, apparaît comme la résultante d'un double courant de pensée : l'un, d'inspiration religieuse, acquis au mouvement *réformiste* en voie de formation dans l'aire islamique depuis la fin du XVIIIe siècle ; l'autre, d'origine purement profane et d'orientation moderniste (la modernité étant alors synonyme de civilisation européenne).

Tandis que les énergies déployées sous le signe de la Renaissance (en arabe : *Nahda*) s'emploient à rattraper les retards socioculturels du monde islamique, les recherches inspirées par des motivations religieuses visent à créer une dynamique de renouveau et de Réforme (concept coranique : *Islāh*), dans la perspective d'une harmonisation entre les données de tradition et les conditions de la vie moderne.

I. – La réforme islamique moderne

1. **Continuité de l'esprit de réforme en Islam.** – La Réforme du XIXe siècle ne constitue ni un phénomène de rupture, ni un accident dans l'histoire religieuse des pays d'Islam. Elle représente un temps fort dans une évolution socioculturelle où l'esprit de réforme apparaît comme une constante.

En effet, tout en reconnaissant pour la Communauté la nécessité de s'ouvrir aux réalités temporelles,

les réformateurs de l'Islam moderne ont cherché à situer leur prédication et leur action dans le sillage des maîtres incontestés de la haute tradition. Au-delà du juste hommage rendu à l'autorité des témoins exemplaires de l'Islam originel, il s'agit pour les réformateurs modernes d'affirmer leur attachement au principe de continuité de la Communauté avec ses sources.

Refusant toute rupture avec les courants de pensée qui n'ont cessé d'animer la vie de l'*Umma* depuis l'ère prophétique, les réformateurs musulmans modernes se réfèrent d'abord aux docteurs du premier âge de l'Islam ; ils tiennent aussi à honorer les plus éminents représentants de la pensée et de la doctrine classiques, tels Ghazâli (m. 505/1111) et Ibn Taymiyya (m. 728/1328), grâce auxquels la spiritualité et l'orthodoxie musulmanes furent périodiquement revivifiées.

2. **Les grands réformateurs modernes.** – C'est dans la lignée de ces maîtres spirituels de l'Islam que s'inscrivent les noms de nombreux réformateurs apparus dans le monde musulman entre la fin du XVIIIe et la fin du XIXe siècle. Citons-en : Ahmad Châh Walî Allâh (1702-1762), en Inde ; Moh. Ibn ʿAbd al-Wahhâb (1703-1791), en Arabie ; Othmân Dan Fodio (1754-1817), au Centre-Ouest africain (Niger) ; Sayyid Ahmad Khan (1817-1898), en Inde ; Jamâl al-Dîn al-Afghânî (1839-1897), au Moyen-Orient ; Moh. ʿAbdouh (1849-1905), en Égypte.

Tous ces réformateurs n'avaient certes ni le même profil intellectuel, ni le même tempérament, ni la même conception de la réforme islamique des temps modernes. Les uns pensaient leur action en termes de réformation morale et religieuse, comme prolongement de la mission prophétique même ; d'autres se donnaient pour tâche exclusive de promouvoir le changement au niveau des mentalités, des mœurs et du système éducatif, dans l'espoir d'adapter les structures socioculturelles du monde musulman aux besoins des temps nouveaux. Les efforts des uns et des autres se rejoignaient dans une sorte d'élan mystique : restaurer la grandeur de l'Islam, soit par la vertu d'un ressourcement dans une tradition religieuse reconnue pour sa fécondité culturelle, soit par la voie d'un progrès social et matériel qui emprunterait à l'Occident « ce qu'il a de meilleur », dans l'ordre de la civilisation matérielle.

Bref, à partir du milieu du XIXe siècle, de l'Inde au Bassin méditerranéen, les esprits éclairés dans le monde musulman seront unanimes quant à la nécessité d'une revitalisation de l'Islam en tant que « religion » et système de valeurs morales et sociales, de sorte que la Communauté musulmane puisse combler ses retards et s'insérer harmonieusement dans le monde moderne.

II. – Les facteurs du renouveau islamique

La prise de conscience du monde islamique doit beaucoup à l'œuvre accomplie par un certain nombre de fortes personnalités représentatives du mouvement réformiste orthodoxe que l'on vient d'évoquer. Sans minimiser le rôle historique des grands réformateurs de l'Islam moderne, on notera cependant que le réveil du monde musulman fut préparé par un large concours de facteurs internes et externes. En voici les plus déterminants :

1. **Le courant de réforme wahhâbite** (ar. *Wahhābiyya*), sous l'impulsion de Moh. Ibn ʿAbd al-Wahhâb (m. 1206/1791), dont l'ardente prédication religieuse – dans le Najd (Arabie) – visait à restaurer le culte et le dogme islamiques dans leur pureté originelle, et cul-

tivait une certaine idéalisation de la Cité musulmane primitive, à travers l'enseignement et les *Vies* des grands Devanciers, les *Salaf.*

D'où l'appellation « *Salafiyya* » appliquée aux courants piétistes inspirés par ce même idéal de *retour aux sources*. Partant de ce principe, les critères varient quant à la définition de cette Cité musulmane, tantôt identifiée à l'État de Médine, du vivant du Prophète[1] et sous les quatre califes orthodoxes, tantôt assimilée à la communauté musulmane du premier âge, avec pour terminus *ad quem* : 241/855.

Fondamentalisme mis à part, la prédication wahhâbite comportait certains traits de modernité : *a)* quant à ses options dogmatiques, exprimant une sorte de protestantisme islamique (affirmation de l'autorité exclusive de l'Écriture (Coran) et de la Tradition du Prophète ; refus de tout laxisme théologique en matière d'unitarisme ; rigueur morale) ; *b)* quant à ses projets d'ordre temporel : volonté d'impulser une dynamique socioculturelle à la manière de l'Islam dans sa première grandeur.

Pour la jeune génération de la fin du XVIIIe siècle au début du XIXe, le discours wahhâbite correspondait à l'esprit des temps nouveaux, depuis l'expédition française d'Égypte, et au moment où l'Empire ottoman inaugurait un « nouvel ordre » *(Nizām-i Djedīd)*. Le souffle régénérateur du wahhâbisme finira par se propager dans l'ensemble du monde musulman. Ainsi l'élan wahhâbite apparaîtra-t-il comme « la première pulsion de vie dans l'Islam moderne » (Moh. Iqbal)[2].

1. Cf. Z. Sardar, *The Future of Muslim Civilisation,* chap. 8 : « The Future in the Past ». Le modèle de l'État islamique a fonctionné à Médine, depuis l'hégire (622) jusqu'à la mort du Prophète (632).
2. *The Reconstruction...,* p. 145 ; trad. franç., p. 165.

2. **Les incidences de la culture occidentale.** – On ne peut retracer ici les différentes étapes de la pénétration culturelle de l'Occident en terre d'Islam. Notons du moins qu'en dépit des sévères affrontements qui en marquèrent les débuts, l'irruption de la civilisation européenne dans le monde musulman sera le point de départ de transformations au niveau des mentalités et des mœurs. On a souligné plus haut l'importance des premiers contacts entre les sociétés musulmanes et les divers acteurs coloniaux (militaires, administrateurs, missionnaires, marchands), représentants d'une Europe sur le point de franchir le « siècle des Lumières » pour inaugurer l'ère industrielle. On mesurera l'impact de la civilisation européenne sur les sociétés musulmanes par l'intense curiosité manifestée par les élites orientales devant les nouveautés véhiculées par les puissances coloniales[1].

La rencontre de l'Islam avec les modèles culturels de l'Europe sera le thème majeur du débat qui dominera la vie intellectuelle à travers le monde musulman tout au long du XIXe siècle. Ce brassage d'idées familiarisera progressivement les milieux éclairés avec les valeurs et les idéaux propres aux sociétés européennes de l'époque. Des concepts comme individualisme, libéralisme, progrès social, impressionnent favorablement la jeunesse musulmane. Celle-ci apprend en outre à valoriser l'esprit critique, la rationalité, la libre recherche hors des cadres immuables de la tradition. Toutes ces notions ne tarderont pas à être vulgarisées par le discours des historiens, des hommes de lettres, des penseurs réformistes.

1. Cf., par exemple, les témoignages du chroniqueur égyptien al-Jabarti (1754-1825), trad. franç. par Joseph Cuocq, *Journal d'un notable du Caire durant l'expédition française (1798-1801)*, Paris, A. Michel, 1979.

3. **L'évolution libérale de l'Empire ottoman.** – Depuis le XVIe siècle, l'histoire de l'Islam se confond, dans une large mesure, avec celle de l'Empire ottoman. Car outre la Turquie (d'Europe et d'Asie) et certains territoires balkaniques, cet empire englobait la majeure partie du monde arabe (y compris la Régence d'Alger, jusqu'en 1830). Ce vaste ensemble géopolitique était gouverné par des sultans investis du califat, ou magistrature suprême de l'Islam orthodoxe. Il s'agissait, en l'occurrence, d'une autorité morale fondée sur le prestige de la fonction impériale plutôt que d'un réel *pouvoir spirituel* (comparable à celui du pape). Néanmoins, comme souverains d'un empire représentant sur la scène internationale une grande puissance, les sultans d'Istanbul (Constantinople) ont généralement bénéficié d'une réelle allégeance au sein de la Communauté islamique orthodoxe, même au-delà de leur sphère d'influence. À ce titre, les souverains ottomans ont assumé une responsabilité considérable dans le destin historique, autant que dans l'évolution socioculturelle de nombreux peuples musulmans.

En conséquence, toute importante réforme mise en œuvre par le gouvernement d'Istanbul était de nature à avoir des incidences sur la vie musulmane. C'est ainsi que les réformes *(Tanzīmāt)* entreprises sous le règne de Abdul-Madjid Ier (1er juillet 1839 - 1861) – notamment celles du 3 novembre 1839 et du 1er février 1856 – mirent en marche un processus de libéralisation au niveau des institutions et de la vie politique (garantie des libertés civiles ; égalité des sujets musulmans et non musulmans au sein de l'Empire).

Ces réformes n'étaient cependant en adéquation ni avec les réalités sociales, ni avec les attentes de l'opinion publique. Décidées hâtivement sous la pression des Puissances européennes, elles furent accueillies avec amertume par les éléments conservateurs, mais aussi par les réformistes – tel Nâmiq Kemal (1840-1888). Pour les uns et les autres, elles représentaient moins une promesse de progrès social qu'un signe de déclin de l'Empire islamique. Quoi qu'il en soit, les *Tanzīmāt* traduisent une option moderniste que le régime ottoman poursuivra, *nolens volens,* tout au long du XIXe siècle. Compte tenu de la symbolique du sultan, les réformes conféreront malgré tout une certaine légitimité à tous ceux – modernistes laïcisants ou réformistes orthodoxes – qui prêcheront le progrès et la nécessaire adaptation de la Cité musulmane aux réalités de la vie moderne.

4. **L'essor des techniques d'imprimerie** sera l'un des facteurs décisifs dans le processus de renaissance culturelle dans le monde musulman. Les pays d'Islam étaient en retard de près de quatre siècles – par rapport à l'Europe – dans le domaine de l'imprimerie. Hormis la Turquie, où l'introduction de la typographie remonte à 1728[1], le reste du monde musulman n'accède à la *« Galaxie Gutenberg »* qu'au début du XIXe siècle. À ce propos, soulignons le rôle historique de l'imprimerie de Boulak (près du Caire), qui devient, depuis 1822, l'un des instruments essentiels du progrès intellectuel à l'échelle du monde arabe.

L'adoption de l'imprimerie permet aux pays musulmans de connaître enfin la diffusion de la culture par le manuel scolaire, les ouvrages de vulgarisation scientifique, ainsi que la découverte des cultures étrangères au moyen des traductions. Parallèlement à l'essor du livre, celui de la presse – *grosso modo* de 1858 à 1878 – donnera une dimension nouvelle à la circulation des

1. Grâce au réformateur d'origine hongroise, Ibrahim Muteferrika (1674-1745), auteur d'un mémoire au sultan Ahmed III, *Sur l'utilité de l'établissement de l'imprimerie à Constantinople* (1726).

idées et contribuera puissamment à la formation de l'opinion publique en pays d'Islam.

Les débuts de la presse musulmane

Date	*Lieu*	*Titre*
1828	Le Caire	*Al-Waqā'i' al-Misriyya :* journal officiel
1831	Istanbul	*Taqvīm-i Vakāyi' :* journal officiel en turc
1831	Istanbul	Moniteur ottoman, édition franç. du précédent
1847	Alger	*Le Mobacher,* journal officiel, éd. arabe sous le titre : *Al-Mubashshir*
1848	Téhéran	*Rūznāmeyé-Veqā'ie'yé :* journal officieux
1855	Beyrouth	*Mir'āt al-Ahwāl :* 1er journal arabe
1858	Beyrouth	*Hadīqat al-Afkār,* arabe-français, journal officieux (ottoman)
1868	Bagdad	*Al-Zawrā':* 1er journal irakien
1875	Sanaa (Yémen)	*San'ā' :* 1er journal dans la péninsule arabe

5. **Le rôle stimulant des communautés et missions chrétiennes.** – Les missions chrétiennes en Orient contribuèrent à l'émancipation intellectuelle des communautés chrétiennes de l'Empire ottoman. Grâce au sang nouveau apporté par les missions anglo-saxonnes et latines, et aux perspectives offertes par une conjoncture politique et diplomatique favorable, les Églises de l'Orient arabe connaîtront un renouveau qui se traduira par une plus grande ouverture à l' « occidentalité ».

Dans le même ordre d'idées, il faut tenir compte de la dynamique des missions religieuses, de plus en plus nombreuses à s'implanter dans les pays d'Islam[1]. Cette présence missionnaire eut pour conséquence immédiate de susciter des réactions de défense en milieu musulman. Mais, au regard de nombreux responsables religieux, elle eut surtout valeur d'exemple du double point de vue du zèle déployé au service de la foi, et du contenu même de l'enseignement doctrinal.

Aussi verra-t-on les auteurs réformistes, à l'instar des missionnaires protestants (et *mutatis mutandis*), fonder leur prédication sur la primauté de l'Écriture, sans pour autant perdre de vue les réalités sociales et culturelles. Tout comme leurs compatriotes chrétiens, les réformistes eurent à cœur de travailler au renouveau spirituel de l'Islam, mais aussi à l'émancipation sociale et intellectuelle de leurs nations, par un inlassable effort visant à l'assimilation du savoir et des techniques modernes.

Ce faisant, les réformistes musulmans de la fin du XIXe siècle contribuèrent à orienter la pensée islamique dans des voies de recherche et de réflexion aboutissant logiquement aux idéologies laïques et sécularistes qui trouveront de nombreux partisans parmi les Écoles modernistes du XXe siècle, d'un bout à l'autre du monde musulman. Ce n'est pas le lieu d'examiner les incidences de la doctrine réformiste sur l'évolution de la culture islamique dans le sens de la sécularisation. Notons simplement le parallélisme d'un tel processus avec celui que connaîtront, à la même époque, les sociétés de tradition protestante[2].

1. Sur l'histoire des missions chrétiennes en pays d'Islam au XIXe siècle, cf. Kenneth Scott Latourette, *A History of Expansion of Christianity*, vol. VI : *The Great Century (1800-1914)*, London, 1944.

2. Sur la relation entre « le mouvement théologique protestant et la sécularisation », cf. les analyses de Peter L. Berger, *The Social Reality of Religion*, Penguin Univ. Books, 1973, p. 140 sq.

6. **L'œuvre de Sayyid Ahmad Khân (1817-1898).** – Véritable initiateur du modernisme social et culturel dans l'Islam indien, à partir du milieu du XIXe siècle, fondateur du célèbre *Mohammedan Anglo-Oriental College* d'Aligarh (1878), infatigable vulgarisateur des idées modernes, Ahmad Khân eut pour ambition de définir les principes d'une réinterprétation des sources de l'Islam en termes compatibles avec l'esprit des temps nouveaux. Bien qu'il dût se heurter aux vives résistances des milieux conservateurs, et que sa doctrine fût parfois suspectée de matérialisme, Ahmad Khân aura été l'homme grâce auquel l'Islam indien reçut les impulsions décisives au niveau doctrinal comme dans le domaine social et culturel[1].

S. Ahmad Khân compte parmi les trois ou quatre plus grandes figures de la renaissance islamique moderne. Le grand dessein de sa vie a été la réconciliation de l'Islam avec la civilisation contemporaine. Son œuvre écrite et son enseignement, voués à la régénération de la culture islamique, seront poursuivis – et amplifiés – par le *Mouvement d'Aligarh,* formé autour du Collège de même nom (future Université en 1920), qui sera pour la Communauté musulmane de l'Inde, durant trois générations, une incomparable pépinière de personnalités intellectuelles et politiques de haut rang.

7. **La dynamique des élites musulmanes.** – Les divers facteurs exposés ci-dessus ont eu pour effet de confronter la Communauté musulmane aux réalités du monde moderne, en abolissant les barrières dues à l'isolement géographique, au cloisonnement des tradi-

1. Sur ce grand réformateur de l'Islam indien, cf. Aziz Ahmad, *Muslim Self-Statement...,* p. 25-48. Chr. W. Troll, Sayyid Ahmad Khân (1817-1898) et le renouveau de la théologie musulmane... au XIXe siècle, *IBLA (Tunis),* n° 138, 1976, p. 205-241.

tions culturelles, à la résistance des mentalités. Désormais, le sentiment de suffisance dans la plénitude islamique fera place aux interrogations, face à une irrésistible modernité totalement d'essence étrangère.

L'ère du repli sur soi, à l'écart du monde des « Infidèles », semblait révolue pour beaucoup de peuples musulmans. Finie l'autorité absolue des docteurs de la Loi (ulémas), convaincus de la vanité de tout savoir en dehors de leur science religieuse. Finie la suprématie des universités traditionnelles, imperturbablement figées dans un dogmatisme millénaire, et tendant à n'être plus que les conservatoires d'une érudition largement anachronique.

La jeune génération – celle de la seconde moitié du siècle dernier – a grande hâte à se mettre au rythme de son temps, à s'initier au progrès scientifique et technologique dont l'Occident représentait l'avant-garde. Après des siècles de tarissement culturel, un immense besoin de créativité se fait sentir à travers le monde islamique. Une vive curiosité des idées et du monde actuels va s'emparer des esprits, susciter des vocations, des initiatives aussi audacieuses qu'enthousiastes. Telle sera l'atmosphère de la *Nahda* : non pas une simple reprise culturelle, mais une véritable résurrection à l'échelle de tout l'espace islamique.

Pour compléter le tableau de cette renaissance, soulignons le rôle capital des étudiants musulmans envoyés en mission dans divers pays d'Europe (dont la Russie). Au terme de leur formation à l'étranger, ces jeunes diplômés[1] prendront une part active dans la

1. Dès 1842, un ancien de la mission d'étudiants égyptiens en France, le fameux Rifā'a al-Tahtāwī (qui sera l'un des principaux artisans du développement culturel de son pays), attire l'attention des responsables politiques d'Orient sur « le progrès social et politique de l'Europe » (cf. son *Offrande aux monarques prudents et sages,* Boulak, 1258/1842).

vulgarisation du savoir moderne, sous l'égide des bureaux de traduction gouvernementaux (Turquie, Égypte, Iran, Inde, etc.).

Les traductions entreprises par les organismes officiels reflètent les immenses besoins de l'Orient musulman dans toutes les branches du savoir scientifique et technologique[1].

On ne saurait trop insister sur l'importance du mouvement de traductions dans la renaissance culturelle du monde musulman au cours du XIXe siècle. Dans cette phase décisive, les jeunes titulaires d'une double (ou triple) formation linguistique constitueront un élément fécondateur de la culture arabo-musulmane traditionnelle et contribueront largement à l'ouverture de l'univers islamique sur les réalités du monde extérieur.

1. Cf. le catalogue des ouvrages édités au cours d'une vingtaine d'années (1822-1843) par l'Imprimerie de Boulak (Le Caire), dans le *Journal asiatique,* juillet-août 1843, p. 31-61.

Chapitre III

LE THÈME DU « RETARD » ISLAMIQUE (1880-1890)

Dans le précédent chapitre, on vient de brosser le mouvement de renaissance culturelle du monde musulman. Ce processus ira s'amplifiant du milieu du XIXe siècle jusqu'à la veille de la première guerre mondiale. Il aura pour effet de susciter chez de nombreux auteurs musulmans une réflexion critique sur la situation générale de leur société dans un monde en pleine mutation. Ce qui les amènera à dénoncer les insuffisances du système social en pays d'Islam, surtout en matière d'éducation, de recherche scientifique et technologique, d'équipement moderne dans tous les secteurs de l'activité économique.

Le thème du retard du monde musulman par rapport à l'Europe (et à l'Amérique) sera omniprésent dans la presse musulmane vers la fin du XIXe siècle. Ce sera, par exemple, l'un des sujets permanents du journal *Al-ʿUrwa al-Wuthqā (Le Lien indissoluble),* publié à Paris par Jamâl al-Dîn al-Afghânî et Moh. ʿAbdouh[1]. L'esprit du *Lien indissoluble* caractérise également la revue réformiste *Al-Manār* (Le Caire, 1898), fondée par Rachid Rida, l'un des plus proches disciples du grand réformateur égyptien Moh. ʿAbdouh.

1. Malgré la brièveté de sa carrière (mars-octobre 1884), ce journal à visée panislamique et anti-impérialiste représente un moment décisif dans l'histoire des idées en Islam moderne.

Le problème du retard islamique face au monde moderne constitue le sujet central d'un essai du réformateur syrien ʿAbd al-Rahmân al-Kawâkibî (1854-1902), intitulé *Umm al-Qurā* (*La Mère des cités, i.e.* La Mekke), 1899. Sous prétexte de rendre compte d'un congrès panislamique fictif, l'auteur s'attache à établir un diagnostic des « maux » qui lui paraissaient affliger les sociétés musulmanes – du Maroc jusqu'à l'Indonésie. Ces maux tiennent à des causes religieuses, morales et politiques. Kawâkibî les analyse avec un luxe de détails grâce à quoi nous avons une sorte de radioscopie de la Communauté islamique au seuil du XXe siècle.

Cette tendance autocritique aura ses prolongements jusque dans les années 1920. Le thème du retard des peuples musulmans fera l'objet d'abondantes dissertations, surtout après la publication de la traduction arabe d'un livre d'Edmond Demolins : *À quoi tient la supériorité des Anglo-Saxons ?*[1], par Ahmad Fathi Zaghloul (Le Caire, 1899). Ce livre eut un grand retentissement en Orient, tant par son contenu que par la préface du traducteur, sous forme d'un courageux réquisitoire contre les carences du monde arabe.

Les thèses de Demolins venaient étayer l'argumentation de tous ceux qui, dans le monde musulman, s'interrogeaient à la fois sur le déclin de la civilisation islamique et sur l' « explosion » de la puissance européenne dans tous les domaines. Tout comme pour Edmond Demolins, et *mutatis mutandis,* il s'agissait pour les intellectuels musulmans « de savoir quel est le secret de cette prodigieuse puissance d'expansion, de cette extraordinaire puissance de civilisation, et quels sont les moyens d'y atteindre » (p. IV).

1. Paris, Firmin-Didot, 1897. Cet ouvrage fut également traduit en anglais, allemand, italien, russe, espagnol, polonais et japonais.

Il leur incombait aussi de forger les instruments d'un nouvel essor social et culturel, sur la base d'une éthique nouvelle, donnant la primauté aux valeurs d'effort et d'énergie morale. Là aussi les Musulmans avaient intérêt à méditer les réflexions formulées par Demolins en guise de conclusion : « Il est écrit : "Tu gagneras ton pain à la sueur de ton front." Cette parole est non seulement le fondement de la puissance sociale, mais encore le fondement de la puissance morale. Les peuples qui se dérobent (...) à cette loi du travail personnel et intense subissent une dépression, une infériorité morale ; ainsi le Peau-Rouge par rapport à l'Oriental ; ainsi l'Oriental, par rapport à l'Occidental ; ainsi les peuples latins et germains de l'Occident par rapport aux peuples anglo-saxons » (p. 410).

I. – La problématique du « retard » islamique

Tout autant que la problématique du progrès et du modernisme, celle du *retard* du monde de l'Islam a mobilisé la réflexion musulmane durant plusieurs décennies. Témoin du XIXe siècle finissant et des premiers grands bouleversements technologiques et sociopolitiques du XXe, la génération de 1880 à 1920 se sentira comme mise en demeure d'apporter des réponses au double défi de la modernité et des blocages psychoculturels propres aux sociétés de tradition islamique. Face aux transferts de civilisation qui s'opéraient sous leurs yeux, et dont les enjeux (politiques, économiques et stratégiques) échappaient à leur compétence, les intellectuels musulmans de cette époque se trouveront par la force des choses confinés dans le seul domaine du discours théorique. D'où la profusion des essais dans lesquels la vie musulmane était non seulement détaillée dans sa réalité, mais souvent esquissée telle qu'elle devrait être.

Ainsi, en écho à la traduction arabe du livre de Demolins, Moh. Omar (m. 1918) analyse la *Situation actuelle des Égyptiens* et tente d'expliquer *À quoi tient leur infériorité* (en arabe, Le Caire, 1902). De son côté, dans une série d'articles publiés dans le *Manâr,* le Libanais Chakîb Arslân (1871-1946) s'interroge sur *Le retard des Musulmans et le progrès des autres peuples* (1929 ; trad. angl. M. A. Shakoor : *Our Docline and its Causes,* Lahore, 1944). En Inde, dans le sillage du grand poème historique d'Altâf Husayn Hâlî (1837-1914), sur *Le Flux et reflux de l'Islam,* la réflexion réformiste ne cessera d'alimenter le débat sur la stagnation des peuples musulmans et les conditions de leur renaissance.

II. – La vision orientaliste

Ces témoignages de source musulmane sont à rapprocher des observations de nombreux auteurs européens (romanciers, voyageurs, etc.), à la fin du XIXe siècle et au début du XXe, comme Gobineau (1816-1882), dans ses *Nouvelles asiatiques* (1re éd., 1876) ; Guy de Maupassant (1850-1893) : voir ses carnets de voyage en Afrique du Nord (1888), dans *La Vie errante* (1890) ; les récits autobiographiques d'Isabelle Eberhardt (1877-1904), cette Musulmane d'origine russe qui lia son destin à celui du Maghreb ; Pierre Loti (1850-1923) : ses impressions de voyage à travers le monde musulman aux prises avec les assauts de la civilisation et de l'hégémonisme européens ; les frères Jérôme et Jean Tharaud et leurs reportages littéraires sur le Maroc, le Proche-Orient et la Perse ; Maurice Barrès (1862-1923) et sa vision personnelle de l'Orient.

On a là quelques exemples d'une abondante littérature orientaliste française dans la période 1880-1920[1]. Non moins abondante a été, à la même époque, la littérature anglaise portant sur la Turquie, la Perse et l'Inde, et dont certaines figures sont quasi légendaires : Richard F. Burton (1821-1880), Wilfrid S. Blunt (1840-1922), Thomas Éd. Lawrence (1888-1935), le fameux « Lawrence d'Arabie », etc.[2].

Lieu d'évasion, loin de la grisaille des cités industrielles et des laideurs de la civilisation mercantile, l'Orient représentait pour certaines élites européennes la promesse d'émerveillements dans un univers de légende et de lumière. C'est le cri de toute une génération littéraire qu'exprime ainsi Albert Samain (1858-1900) :

J'ai grandi, j'ai rêvé d'Orient, de lumières...[3].

Néanmoins, si le dépaysement pouvait procurer d'exquises sensations pour les Européens en terre d'Islam, les relations de ces derniers avec le milieu musulman s'avéraient souvent des plus décevantes. Les mœurs, les conditions de vie matérielle en « Orient » étaient loin d'offrir les satisfactions auxquelles pouvait prétendre l'élite européenne de sensibilité chrétienne et de tradition bourgeoise. Au fil de la vie quotidienne, les déceptions avaient vite fait d'oblitérer les mirages de l'exotisme et d'aggraver les préventions à l'égard des « Indigènes ». Là où le sentiment de supériorité ethnoculturelle annihilait toute velléité de compréhension fraternelle à l'égard de l'Africain, de l'Arabe, de l'Indien, etc., ce n'est pas une humanité différente qui

1. Cf., par exemple, Hasan al-Nouty, *Le Proche-Oient dans la littérature française de Nerval à Barrès,* Paris, Nizet, 1958.

2. Cf. Joëlle Redouane, *L'Orient arabe vu par les voyageurs anglais,* Alger, OPU, 1988, 302 p.

3. Voir son sonnet : *Mon enfance captive...*

est perçue par l'orientaliste, mais une caricature d'humanité[1].

Les rares esprits qui avaient alors le courage de penser et d'agir à contre-courant de l'idéologie colonialiste étaient taxés de romantisme ou d'excentricité. En France, par exemple, les personnalités *indigénophiles* (au Parlement, dans la presse et les milieux littéraires), représentaient un courant marginal ; comparativement au puissant lobby colonial (classe politique, milieux d'affaires), et au non moins puissant corps universitaire, oracle des bien-pensants en matière de « sciences coloniales »[2].

Entre le colonial et le colonisé, entre l'orientaliste et l'Oriental, les barrières politiques et psychologiques s'établissent peu à peu. Dans la plupart des cas, les observateurs européens (administrateurs, missionnaires, voyageurs) ne sont pas tendres pour les Musulmans et l'Islam. Rarement, leurs analyses prennent objectivement en considération les facteurs économiques, politiques et militaires pour rendre compte des faiblesses du monde musulman devant l'expansionnisme européen. Outre la culpabilisation globale des Orientaux (ou des « Indigènes » musulmans) en tant que tels, et l'invocation de « tares » congénitalement attachées à telle race ou catégorie sociale, c'est en définitive l'Islam qui est tenu pour fondamentalement responsable de la condition socioculturelle des peuples musulmans.

III. – La thèse renanienne

Tel est précisément le thème d'une conférence d'Ernest Renan – *L'Islamisme et la science* (Sorbonne,

1. Cf. là-dessus Edward W. Said, *Orientalism.*
2. Voir les échantillons donnés par Ph. Lucas et J.-C. Vatin dans *L'Algérie des anthropologues,* Paris, Maspero, 1975.

29 mars 1883)[1] – à partir d'une interrogation sur « les rapports de l'esprit scientifique et de l'islamisme ». Professeur au Collège de France, Renan (1823-1892) était l'un des apôtres les plus en vue du scientisme, en même temps que l'un des maîtres à penser de l'orientalisme universitaire. Spécialiste en études sémitiques, historien des religions, ses opinions au regard de la culture islamique pouvaient revêtir une forte autorité[2].

Publiée dès le lendemain dans le *Journal des Débats* (p. 2-3), cette conférence eut un retentissement dont les échos sont repérables jusqu'à nos jours. Elle fut suivie d'un échange entre le penseur réformiste Jamal al-Din al-Afghani et Renan, à travers le *Journal des Débats* (18-19 mai 1883). La réponse d'al-Afghani préfigure l'argumentation de l'idéologie islamique face au discours de l'orientalisme ; elle esquisse le cadre de réflexion critique (et autocritique) sur la situation morale et socioculturelle des peuples musulmans au seuil de l'époque contemporaine.

L'attitude de Renan vis-à-vis de l'Islam reflète l'état de la culture française des années 1980 du XIXe siècle. Les débats sur les questions coloniales sont alors d'actualité. Par ce biais, l'opinion française commence à percevoir quelques lueurs sur les réalités islamiques. La vision qui s'en dégage est doublement négative : qu'il s'agisse de conclure à la décadence des peuples d'Islam, ou de s'apitoyer sur le désarroi des sociétés musulmanes aux prises avec la modernité.

Pour sa part, Renan justifie sa lecture du fait islamique à partir d'un constat on ne peut plus sévère : « Toute personne un peu instruite des choses de notre

1. *Œuvres complètes* d'Ernest Renan, Paris, Calmann-Lévy, 1947, t. 1, p. 944-960.

2. Cf. son essai historique *Averroès et l'averroïsme* (1855), 3e éd. rev. et augm., Paris, Lévy, 1866.

temps voit clairement l'infériorité actuelle des pays musulmans, la décadence des États gouvernés par l'Islam, la nullité intellectuelle des races qui tiennent uniquement de cette religion leur culture et leur éducation » (*op. cit.,* p. 946).

Ce principe étant posé comme une vérité d'évidence, Renan s'attache à l'illustrer par une interprétation personnelle de l'histoire religieuse et culturelle du monde musulman. L'islamisme, contraire à l'esprit scientifique ; la foi et les dogmes de l'Islam, incompatibles avec la recherche rationnelle de la vérité ; la mentalité musulmane, inapte à assumer le progrès : telles sont les idées-forces de la thèse renanienne. Bien que certaines de ces formulations rejoignent les critiques prises à leur compte par les réformistes, les intellectuels musulmans réagirent vigoureusement contre l'argumentation de Renan, qui leur paraissait faire écho à l'idéologie colonialiste. Car une fois décrétées la « nullité intellectuelle » et l' « infériorité morale » des peuples musulmans – dont la plupart étaient alors sous tutelle européenne –, il est aisé de justifier le principe de la « mission civilisatrice » de l'Occident. L'expansionnisme européen de la fin du XIXe siècle trouvera dans le discours de type renanien son support idéologique et son alibi moral.

Les affaires coloniales (Tunisie, Tonkin, Madagascar, etc.) font alors l'objet de vifs débats au Parlement. La politique de Jules Ferry, président du Conseil (septembre 1880 - novembre 1881 ; février 1883 - mars 1885), invoquant le « droit des races supérieures » et leur « devoir de civilisation », est dénoncée par les anticolonialistes. Dans un discours historique à la Chambre des députés, Georges Clemenceau récuse en ces termes la doctrine coloniale de Jules Ferry : « Races supérieures ! Races inférieures, c'est bientôt dit ! Pour ma part, j'en rabats singulièrement depuis que j'ai vu des savants allemands démontrer scientifiquement que la France devait être vaincue dans la guerre franco-allemande parce que le Français est d'une race inférieure à l'Allemand. »[1]

Pas plus que les libéraux et les pacifistes français, les intellectuels musulmans n'étaient dupes des *grands principes* qu'invoquait l'idéologie coloniale. Dans un tel contexte historico-culturel, l'ambiguïté de la thèse renanienne se trouve aggravée par le fait qu'elle repose sur une analyse unilatérale, abstraction faite de la perception qu'ont les Musulmans de leur religion et de leur destin historique.

IV. – **La réponse réformiste**

La conférence de Renan sur *L'Islamisme et la science* pose les principes qui présideront longtemps à la « lecture » occidentale de l'histoire et de la sociologie du monde musulman. Elle sera constamment au centre du débat qui se développera en Occident comme en Orient sur le *retard islamique,* retard que Renan impute essentiellement à l'Islam, comme religion. Tout autant que les arguments de Renan, le thème de sa conférence ne cessera d'interroger la conscience musulmane.

Pour expliquer les réactions musulmanes face au discours renanien, observons d'abord que, plaqués d'autorité sur une réalité socioculturelle d'une extrême diversité, les jugements de Renan paraissent abusivement réducteurs. En outre, le savant orientaliste se cantonne dans une théorisation morale et privilégie les facteurs d'ordre psychologique dans la genèse des cultures, dans le flux et reflux des civilisations. Or,

1. *Journal officiel de la République française,* 31 juillet 1885, p. 1681.

comme le souligne la Charte nationale algérienne du 27 juin 1976 : « Le déclin du monde musulman ne s'explique pas par des causes purement morales. D'autres facteurs de nature économique et sociale, tels que les invasions étrangères, les luttes intestines, la montée des despotismes, l'extension de l'oppression féodale et la disparition de certains circuits économiques mondiaux y ont joué un rôle déterminant. Aussi, l'éclosion des superstitions et le foisonnement des attitudes passéistes ne doivent pas être considérés comme des causes, mais plutôt comme des effets. »[1]

Les auteurs réformistes ne cesseront de réagir contre la présentation de l'Islam comme foncièrement incompatible avec l'esprit scientifique, et de là, comme la cause première de la régression culturelle du monde musulman. « Nous avons usé nos plumes et notre voix, s'écrie Rachid Rida (1865-1935), à force d'écrire et de répéter que les malheurs des Musulmans ne peuvent être imputés à leur religion, mais aux innovations qu'ils y ont introduites et au fait qu'ils "portent" l'Islam comme une fourrure mise à l'envers. »[2]

Depuis la controverse suscitée par la conférence de Renan (mars-mai 1883), l'approche critique du fait islamique, récusée par les uns, sera applaudie par d'autres comme une œuvre salutaire, légitimée par l'éthique coranique appelant à *prêcher le Bien et dénoncer le Mal* (Coran, III, 104 et 110). Une telle démarche sera constamment illustrée par des réformateurs et moralistes musulmans, soucieux de dissiper les ambiguïtés de certaines analyses consacrées à l' « Islam », ambiguïtés inévitables lorsqu'on omet d'établir la distinction entre l'Islam originel et ses expressions

1. La Documentation française, *NED,* n° 4348-4350, 28 décembre 1976, p. 28.
2. Revue *Al-Manâr,* vol. 3, 1900, p. 244.

historiques. Aussi le mot attribué au penseur libanais Chakib Arslan (1871-1946) – *L'Islam est une chose, les Musulmans en sont une autre* – continue-t-il d'inspirer la réflexion musulmane contemporaine.

Désormais, les auteurs réformistes orthodoxes – autant que les modernistes de tous bords – auront pour tâche non seulement de répondre aux thèses occidentales (jugées tantôt erronées, tantôt motivées par un parti pris dépréciatif à l'égard de l'Islam), mais également d'insuffler à leurs peuples respectifs une dynamique de changement, pour sortir de la stagnation socioculturelle et s'engager résolument dans les voies du progrès.

Chapitre IV

LA QUÊTE DU PROGRÈS (1890-1920)

Sous les chocs successifs de la modernité aux couleurs des dominations coloniales, et à la faveur d'une intense réflexion critique (et autocritique) sur les causes du retard islamique, la quête du progrès s'impose de proche en proche aux élites musulmanes comme une nécessité vitale. Cette prise de conscience trouvera son expression à travers un nouveau discours dont il importe de cerner les concepts directeurs.

I. – Le nouveau discours islamique

À partir des années 1880, dans toutes les langues de culture du monde musulman, le discours social et le discours religieux se chargent de nouveaux concepts, visant à actualiser l'idée de progrès à tous les niveaux de la vie nationale, à tous les moments de la vie communautaire.

C'est ainsi que les programmes d'action réformistes, les revendications de la jeunesse moderniste (les « Jeunes-Turcs », « Jeunes-Tunisiens », « Jeunes-Algériens », etc.), tous les modes d'expression de la pensée et de la sensibilité musulmanes dans les décennies 1890-1920 traduiront l'émergence d'une volonté collective tendue vers un certain nombre d'idéaux : la réforme, le progrès, le relèvement moral et social de la Communauté.

Dans les domaines littéraire et journalistique, les titres expliciteront les nouvelles aspirations musulmanes. Voici quelques titres de presse révélateurs de cette quête du progrès conçu comme une marche en avant *(Taqaddum, Iqdām/Ikdām)*, un mouvement ascendant *(Taraqqī)*, un processus de réforme (arabe : *Islāh* ; turc : *Tanzīmāt*) :

- *Taqaddum :* Beyrouth, 1874 ; Le Caire, 1893 ; Tunis, 1907 ; Tripoli (Syrie), 1908 ; Alep, 1910 ; Alger, 1923, etc. ;
- *Ikdām :* Istanbul, 1894 ; *Iqdām :* Alexandrie, 1912 ; Le Caire, 1913 ; Alger, 1920, etc. ;
- *Terakki :* Istanbul, 1868 ; *Taraqqī :* Tripoli (Libye), 1897, 1908 ; Tunis, 1905 ; Tanger, 1911, etc. ;
- *Islāh :* Le Caire, 1898, 1903, 1916 ; Singapour, 1908 ; Beyrouth, 1913 ; Tunis, 1920 ; Biskra, 1926 ; La Mekke, 1909, 1928, etc.

II. – **Les associations**

Parallèlement à l'essor de la presse réformiste et moderniste (au-dedans comme à l'étranger), la vie associative connaît une certain développement à travers les pays d'Islam. Partout se forment des associations pour la promotion des activités culturelles et politiques, soit sous le patronage des mouvements réformistes locaux, soit sous l'impulsion de jeunes *évolués.* Si les uns cherchaient simplement à éveiller l'opinion publique à l'actualité du renouveau islamique, d'autres visaient à instaurer dans les pays musulmans des institutions compatibles avec les idéaux modernes de liberté et d'égalité.

III. – Les universités

Grâce à la presse et aux activités d'associations de toutes sortes, le climat culturel de la renaissance islamique finit par imprégner de larges secteurs de l'opinion à travers les pays d'Islam. La prédication réformiste aidant, les structures traditionnelles de la Cité musulmane sont peu à peu remises en cause. Les partisans des réformes (il n'est pas encore question de contestation révolutionnaire) sont de plus en plus nombreux à dénoncer les déficiences du système éducatif, surtout dans l'enseignement supérieur qui était, à de rares exceptions, le monopole des mosquées-universités et de certaines zaouias[1]. Pour promouvoir la diffusion du savoir moderne, des collèges, des écoles spéciales et des universités sont créés (d'abord en Égypte et en Turquie) sur le modèle occidental, soit par les gouvernements nationaux, soit à l'initiative d'organismes privés ; sans oublier les écoles propres aux missions étrangères[2].

Dans les décennies 1870-1920, une dizaine d'universités modernes sont fondées à travers le monde musulman : 1872, Le Caire : *Dār al-ʿUlūm,* une sorte d'École normale supérieure. 1875, Inde : l'Université d'Aligarh *(Mohammedan Anglo-Oriental College)*. 1882, Lahore : l'Université du Panjab. 1897, Beyrouth : le Collège ottoman. 1900 : l'Université d'Istanbul *(Dār al-Funūn)*. 1908 (21 décembre), Le Caire : l'Université nationale. 1917, Hyderabad : l'Université Othmâniyya. 1915, Bakou : l'Université d'État

1. Institutions religieuses fondées par certaines congrégations musulmanes.

2. Notamment le *Syrian Protestant College* (1864), future *Université américaine de Beyrouth* (novembre 1920) ; le Séminaire établi par les Jésuites à Beyrouth (1875), qui deviendra l'*Université Saint-Joseph* (1881).

d'Azerbaïdjan. 1920, Aligarh : l'Université nationale islamique.

IV. – Les transformations matérielles

L'impact de l'enseignement secondaire et supérieur devait être renforcé par le développement des techniques véhiculées par la civilisation d'Occident. On a déjà souligné l'extension spectaculaire de la diffusion des idées (par le livre et le journal), grâce à l'essor de l'imprimerie dans les pays d'Islam. En outre, l'adoption de nouveaux moyens de transport et de communications (bateau à vapeur, chemin de fer, télégraphe, postes) était de nature à accélérer les transferts culturels dans le sens Europe - monde musulman. À ce propos il convient de mentionner l'impulsion donnée par le sultan Abdul-Hamid II (1876-1909) à la modernisation des moyens de communication dans l'Empire ottoman.

À titre d'exemple, avec l'ouverture du canal de Suez (17 novembre 1869), le développement du trafic maritime favorisera considérablement les échanges entre l'Europe et le monde musulman, et permettra à des pays « neufs », mais encore au stade agricole et pastoral, de s'ouvrir aux modèles économiques des pays à structures industrielles[1].

1870	27 000	passagers	1900	280 000	passagers
1880	102 000	—	1910	234 000	—
1890	160 000	—	1920	500 000	—

Avec l'adoption de nouveaux moyens de transport et surtout (à partir de 1900), avec l'intégration de nou-

1. Cf. Raymond Ch. Julien, *Le trafic du canal de Suez* (thèse), Rennes, 1933.

velles techniques au niveau du confort domestique (eau courante, éclairage au gaz, puis à l'électricité, etc.), on assiste à une révolution dans les mœurs des habitants des grands centres urbains. La Cité européenne moderne s'impose désormais comme le modèle du futur. Journalistes, écrivains et poètes se mettent à célébrer ces transformations matérielles et à chanter la « civilisation du bonheur ».

V. – **La jeunesse moderniste**

La conjugaison des divers facteurs susvisés aura pour aboutissement l'émergence d'une jeunesse éprise de modernité, tant parmi les étudiants des établissements d'enseignement moderne que parmi les lettrés de formation traditionnelle. Ces aspirations modernistes étaient particulièrement sensibles dans les trois aires culturelles suivantes : monde arabe, monde turc et monde indien.

L'idéologie de la renaissance culturelle (profane) et celle du renouveau islamique – dans le sillage d'un Moh. ʿAbdouh (Proche-Orient, Maghreb) ou d'un Ahmad Khân (sous-continent indien) – étaient relayées par un certain nombre de publications engagées, comme :

- *Tercümān (L'Interprète),* édité à Bahçesary/Crimée (1882-1917) par le réformateur Ismaël Gaspirali (1851-1914) ;
- *Al-Hādira (La Capitale),* exprimant la tendance des milieux réformistes sadikiens (Tunis, 1888-1892) ;
- *Sirāt-i Müstakīm (Le Droit chemin),* Istanbul (1892-1912) ;
- *Al-Manār (Le Phare),* tribune réformiste animée par Rachid Rida (Le Caire, 1898-1935) ;
- *Al-ʿIrfān (Les Connaissances),* périodique fondé par

le publiciste chī'ite Ahmed Arif al-Zeyn (Saïda, Liban, 1909-1914) ;
- *Al-Imām (Le Leader),* hebdomadaire fondé à Calcutta (1912) par le réformateur Abû I-Kalâm Âzâd (1888-1958).

L'audience des publications réformistes était d'autant plus large que le public musulman était déjà sensibilisé aux valeurs de progrès et de modernisme par des centaines de journaux pleinement engagés dans la culture de leur temps[1]. La dynamique du changement et de l'innovation *(Tajdīd)* se propage rapidement dans les centres urbains, là où le camp des modernes se renforce devant celui des « vieux turbans ». À l'occasion de conférences ou de controverses entre « passéistes » et « innovateurs », l'effervescence estudiantine finit par gagner la rue. La confrontation des idées cède la place à la guerre de slogans et des anathèmes. D'un côté, l'on crie au sacrilège, à l'hérésie des « occidentalisés » ; de l'autre, on fustige l'obscurantisme des traditionalistes, on dénonce leur servilité à l'égard des régimes despotiques, voire leur allégeance aux dominations étrangères.

Peu à peu les jeunesses musulmanes prennent conscience des convergences entre les idéologies nationale et religieuse naissantes. L'esprit de réforme et de renouveau islamique apparaît indissociable de l'esprit national. Les étudiants de formation traditionnelle finissent par récuser les cheikhs conservateurs pour rallier les maîtres réformistes, aile marchante de l'Islam libéral et fermes soutiens des causes nationales. La jeunesse moderniste ne se prive pas d'engager des actions revendicatives. En 1909, les étudiants d'Al-Azhar déclenchent la grève des cours pour réclamer

1. Cf. A. Ahmed-Bioud et al., *3 200 revues et journaux arabes de 1865 à nos jours,* Paris, Public. de la BN, 1969.

la modernisation des programmes et des méthodes d'enseignement. L'année suivante, les étudiants d'Al-Zaytouna (Tunis) font grève à leur tour, dans ce même esprit. Ces grèves sentaient du reste la fronde politique. En ce début du XXe siècle, c'est une longue page de l'histoire musulmane qui est définitivement tournée.

VI. – Une génération charnière

Dans un monde qui commençait à émerger des mentalités médiévales, la génération de 1890-1920 prendra une part décisive dans le processus de réorientation de la culture. Rarement on aura vu une génération aussi vivement consciente de son rôle historique dans le processus d'émancipation sociale et politique des peuples musulmans.

Ce n'est pas fortuitement qu'un peu partout (Turquie, Égypte, Tunisie, Algérie, etc.) on voit surgir des mouvements culturels et politiques animés par une jeunesse décidée à assumer ses responsabilités nationales. On sait, par exemple, ce dont les Jeunes-Turcs ont été capables, à partir de 1908 : la transformation révolutionnaire des institutions et, en définitive, la destitution d'un sultan (Abdul-Hamid II) que l'on croyait tout-puissant, à raison de son absolutisme et du soutien que lui apportait le mouvement panislamiste international.

De leur côté, les Jeunes-Égyptiens ne cessèrent de harceler le pouvoir britannique établi dans leur pays, jusqu'à obtenir la reconnaissance de la souveraineté de l'État égyptien par la Grande-Bretagne (21 février 1922). En Afrique du Nord, les Jeunes-Tunisiens et Jeunes-Algériens étaient encore numériquement et politiquement trop faibles pour constituer une sérieuse menace contre la présence française. Néanmoins, leurs revendications, affirmées à l'intérieur[1] comme à l'extérieur[2], donneront naissance à l'idéologie nationaliste qui se développera tout au long de l'entre-deux-guerres, pour déboucher, au lendemain de la Seconde Guerre mondiale, sur les luttes de libération nationale.

À l'opposé des doctrinaires réformistes, les jeunes modernistes refusaient de se complaire dans un discours moralisateur. Leurs aspirations traduisaient une conscience aiguë des nécessaires transformations socioculturelles qu'exigeait la situation du monde musulman. Tantôt dans le cadre légal, par la presse, le livre, le travail associatif, tantôt par des voies clandestines, voire au sein d'organisations militantes à l'étranger (Angleterre, France, Belgique, Allemagne, Suisse), les jeunes Musulmans s'emploieront à former l'opinion publique de leurs peuples et à sensibiliser leurs coreligionnaires aux réalités des temps nouveaux.

1. Au moyen d'un intense travail journalistique (en arabe et en français). Cf. Christiane Souriau-Hoebrechts, *La presse maghrébine,* Paris, CNRS, 1969.

2. Comme en Suisse, dans *La Revue du Maghreb : Algérie, Tunisie, Maroc, Tripolitaine,* mensuel animé par Mohamed Bach-Hamba, Genève, 1916-1918.

Chapitre V

NOUVEAUX MODÈLES SOCIOCULTURELS

La fonction culturelle et politique de la jeunesse de formation moderne a été déterminante dans l'évolution des mentalités à travers les pays d'Islam au cours des deux premières décennies du XXe siècle – période décisive dans l'histoire contemporaine du monde musulman.

Au prix d'un inlassable travail de vulgarisation, journalistes, écrivains, hommes politiques d'avant-garde parviendront à diffuser en milieu musulman un certain nombre de modèles culturels d'inspiration occidentale. Dans la plupart des pays musulmans où les conditions sociales et politiques permettaient l'exercice d'une certaine liberté d'expression, le débat national portera sur des thèmes jusque-là étrangers ou tenus pour tabous : réformes politiques en vue de l'instauration de régimes constitutionnels ; plus large participation des élites nationales aux affaires publiques ; reconnaissance de la légitimité des organisations et partis politiques ; réformes juridiques et sociales pour l'émancipation de la femme musulmane.

I. – Les modèles politiques

Depuis le milieu du XIXe siècle, la notion de régime constitutionnel faisait son chemin dans les milieux intellectuels, en Orient comme au Maghreb. Ce phénomène s'explique par plusieurs facteurs : l'observation directe de la vie politique européenne par les Musulmans (diplomates, jeunes en mission d'études, voyageurs) ; la diffusion progressive des modèles culturels européens dans le monde musulman, notamment au moyen des traductions et d'essais de vulgarisation portant sur la science politique et l'histoire de l'Europe moderne. Ainsi des concepts comme contrat social, droits civiques, souveraineté populaire finiront-ils par séduire la pensée musulmane.

Le passage de l'idée constitutionnelle dans le discours islamique moderne s'est effectué par les étapes suivantes :

- 1867 : Le célèbre homme d'État tunisien, le général Khayr Eddine fait l'éloge du régime constitutionnel en vigueur dans certains États d'Occident. Il observe que « les pays les plus avancés dans le domaine de la civilisation sont ceux où les institutions ont pour fondement la liberté et la constitution » (cf. son essai *Aqwam al-masālik,* 1867, p. 211 (trad. franç. partielle : Réformes nécessaires aux États musulmans, Paris, 1868) ;
- 1876 : Le sultan Abdul-Hamid II promulgue la *Loi fondamentale* (24 décembre), qui notamment institue un Parlement à deux chambres. Mais ledit Parlement ayant été rapidement ajourné, les partisans de réformes institutionnelles furent profondément déçus dans leur espérance. Ces déceptions, ajoutées aux échecs du régime en politique extérieure, entrent pour une large part dans la genèse de la « Révolution des Jeunes-Turcs » (juillet 1908), qui eut pour effet immédiat le rétablissement de la Constitution ;
- 1902 : Le penseur réformiste syrien ʿAbd al-Rahmân al-Kawâkibî relance l'idée constitutionnelle et la justifie au regard de l'éthique originelle de l'Islam. Dans son essai précité, *Caractères du despotisme,* il pose comme alternative un régime offrant

un cadre constitutionnel à la consultation *(Shūrā)*, dans la fidélité aux principes coraniques mêmes (cf. Coran, III, 159 ; XLII, 38).

Désormais, le fait constitutionnel figurera en bonne place dans les revendications politiques des milieux modernistes musulmans. Des partis politiques – en Orient comme au Maghreb – se définiront essentiellement par référence à l'option constitutionnelle (cf. le *Parti constitutionaliste libéral* en Égypte (décembre 1907), et le *Parti libéral constitutionnel,* le « Destour » tunisien (juin 1920)). Dans la presse arabe, le titre *Dustûr* (Constitution) apparaît comme un slogan pour les uns, comme un mot-phare pour d'autres (Le Caire, 1907 ; Jérusalem, 1913, etc.).

Le concept de *constitution,* au sens de loi fondamentale, représente un pur emprunt au lexique politique de l'Occident, et ne peut être qu'indirectement légitimé au regard de la culture islamique classique. Néanmoins, les élites musulmanes se feront les avocats du régime constitutionnel. Impatients de participer à la direction des affaires de leurs pays, les jeunes modernistes se sentaient frustrés dans leurs ambitions les plus chères. L'exercice du pouvoir politique (et presque autant celui du pouvoir culturel) leur était pratiquement inaccessible sous les tutelles étrangères et dans le cadre de l'Empire ottoman. Dans un tel contexte historique, la voie constitutionnelle leur apparaissait comme la seule compatible avec l'éthique politique de l'Islam et avec les aspirations des générations montantes, de plus en plus sensibles aux modèles socioculturels de l'Occident.

II. – Les modèles socioculturels

Sous la double dynamique du courant moderniste dans le sillage de la renaissance culturelle, d'une part, et du mouvement de régénération socioreligieuse sous le signe du réformisme orthodoxe des *Salafiyya,* d'autre part, les idées-forces comme évolution, renouveau, progrès, continueront d'agir sur l'imaginaire islamique.

La génération de 1885-1915 est témoin d'une spectaculaire accélération du progrès scientifique et technologique. C'est déjà la civilisation du XXe siècle qui s'annonce à travers une impressionnante série d'inventions réalisées en Europe et en Amérique. Les superstitions, et même certaines représentations religieuses en milieu musulman seront ébranlées par les découvertes illustrant l'aptitude des hommes à maîtriser des forces imputées jusque-là au mystère surnaturel (ondes radio-électriques, TSF, enregistrement magnétique des sons, cinématographe, etc.). La conscience musulmane commence alors à se libérer du cocon théologique pour s'éveiller aux métamorphoses du monde.

L'euphorie du scientisme gagnera les pays musulmans les plus ouverts à la modernité (Égypte, Turquie). Des revues spécialisées (sans compter la presse d'information) participeront à la vulgarisation de la culture scientifique. Des concessions et de vastes champs d'activités seront offerts aux groupes industriels désireux d'investir dans l'Empire ottoman, dont les besoins en aménagement du territoire et en équipements étaient considérables. Le télégraphe, le chemin de fer, le bateau à vapeur accroîtront les échanges économiques et humains entre l'Europe et le cœur du monde musulman qu'étaient alors la Turquie et son empire. À noter que, depuis 1885, Constantinople est reliée au réseau ferroviaire des Balkans, et par là même à l'Europe occidentale.

Ces diverses transformations matérielles auront des répercussions non négligeables sur le paysage socioculturel du monde musulman. L'avancée de la modernité atténuera progressivement l'emprise de l'archaïsme sur le tissu social en milieu musulman. L'organisation administrative, le système éducatif, le profil de la vie urbaine tendent à se rapprocher des modèles européens.

De leur côté, les intellectuels modernistes de cette génération de transition (1890-1920) caressent l'espoir de voir les sociétés musulmanes accéder à cette civilisation du bonheur que faisaient miroiter les vitrines de l'Europe (on pense aux *Expositions universelles* de Londres, 1890, et de Paris, 1900). Les porte-parole de ce que l'on pourrait appeler le jeune Islam prêchent avec enthousiasme le ralliement du monde musulman au modernisme universel, en tant que promesse de progrès moral et matériel pour l'ensemble du genre humain.

Grâce au patient travail de tous ces acteurs du modernisme musulman (du Sud-Est asiatique au Maghreb), les sociétés musulmanes archaïsantes purent enfin s'interroger sur des problèmes jusque-là rarement formulés en termes de débat à l'échelle nationale ou communautaire : défense des libertés individuelles (y compris la liberté de conscience) ; dénonciation de l'absolutisme « théocratique », indûment légitimité en termes islamiques ; revendication de la justice sociale et de l'éducation pour tous ; réhabilitation de la recherche scientifique et de la réflexion personnelle appliquée aux données de tradition, aux institutions, au conformisme social et doctrinal, trop souvent sacralisé par la conscience collective.

Idée-force religieuse, slogan moral et politique, le concept d'effort-d'interprétation personnelle *(Ijtihād)* constitue l'une des revendications prioritaires des modernistes. La régénération de l'Islam (ambition à la fois des réformistes orthodoxes et des modernistes de tendance occidentale) passe nécessairement par l'*Ijti-*

hâd, comme principe de dynamique sociale et culturelle[1]. Témoin de cette exigence fondamentale de l'intelligentsia musulmane, le périodique *« Idjtihâd »,* fondé par le Turc Abdallah Djewdet à Genève (1er septembre 1904), est transféré au Caire (1905), puis à Istanbul (1911).

Dans sa fameuse *Épître sur l'unitarisme* (1897), le leader réformiste égyptien Moh. ʿAbdouh (m. 1905) avait déjà dénoncé le règne stérile du conformisme *(Taqlīd),* y compris en matière de religion. À son sens, l'authentique Islam procure à l'homme toutes les conditions requises pour « l'émancipation de sa volonté et l'indépendance de son jugement et de sa pensée » (p. 160 ; trad. franç., p. 109). Telle est aussi la conviction du grand penseur indien Ameer Ali (m. 1928) : « Le Prophète a consacré la Raison comme la plus haute et la plus noble fonction de l'intellect humain. Ce sont nos docteurs et leurs serviles adeptes qui ont fait de l'exercice de cette faculté un péché et un crime. »[2]

Cet ensemble de revendications et de propositions représentait l'amorce d'une prise de conscience du monde musulman face aux mutations de l'époque contemporaine. Dans un tel contexte, les jeunes modernistes serviront de médiateurs entre les sociétés musulmanes et la civilisation nouvelle, venue d'Occident. Mais sans doute leur contribution la plus remarquable aura-t-elle été de poser devant la conscience islamique le problème de la condition féminine et son inadaptation aux réalités du XXe siècle.

1. Sur la problématique de l'*Ijtihād,* cf. *La tradition musulmane,* « Que sais-je ? », chap. I, p. 18 sq.
2. *The Spirit of Islam,* p. 184.

III. – Le thème de l'émancipation de la femme

La question féminine en pays d'Islam n'apparaît qu'au terme d'une lente évolution des esprits au cours de la renaissance culturelle du XIXe siècle (*grosso modo,* 1850-1900). Cette question a été au centre du débat d'idées à travers le monde musulman jusqu'aux années 1920, et n'a cessé d'alimenter périodiquement la réflexion musulmane jusqu'à nos jours.

Durant treize siècles (1300 de l'hégire = 1883), le monde musulman n'eut guère à s'interroger sur la condition féminine, du moins sous l'angle juridique. Les données coraniques en la matière, combinées avec des éléments de la tradition du Prophète *(Sunna),* le tout systématisé et codifié par les docteurs des principales Écoles doctrinales classiques : tel est le cadre définissant le statut personnel de la femme dans la Cité musulmane[1]. Les principes-cadres de ce statut demeurent intangibles, dans leur formulation empruntée à la Révélation coranique et à la *Sunna,* les deux sources constitutives de la Foi et de la Loi en Islam. Mais tout un arsenal de dispositions réglementaires et de normes éthiques afférentes à ce statut relèvent de facteurs culturels et économiques dont l'incidence fut grande sur l'élaboration de la « loi religieuse » *(Sharīʿa)* dans le monde musulman.

À la faveur de l'évolution des mentalités au cours de la phase de renaissance arabo-islamique, de nombreux penseurs eurent l'audace de remettre en question des croyances, des pratiques sociales, un système légal que l'on croyait immuables. « C'est ainsi, observe un auteur du début du siècle, que nous voyons la

1. Cf. la thèse de Mansour Fahmy, *La condition de la femme dans la tradition et l'évolution de l'islamisme* (1913).

question de la femme se laisser manier après avoir été longtemps inabordable à cause des vestiges traditionnels et séculaires qui y demeurent attachés. En Égypte, au Caucase, dans les Indes, en Turquie et dans l'Afrique du Nord avancée, tout le monde sent la portée de la question ; on la discute ; on s'engage dans la voie de l'émancipation... »[1]

Il convient ici d'indiquer brièvement les facteurs qui firent évoluer une partie de l'opinion musulmane en faveur de l'émancipation féminine :

A) *Facteurs externes.*

a) Le contact des cultures. La presse, les relations de voyages et la littérature en général contribuèrent, tout au long du XIXe siècle, à propager dans le monde musulman une vision flatteuse de la condition féminine en Occident.

b) L'œuvre des missions chrétiennes eut une influence indirecte sur les sociétés musulmanes, en tant que telles. L'effort des missions latines et (surtout) protestantes porta essentiellement sur les communautés chrétiennes d'Orient (Arméniens en Turquie ; maronites et orthodoxes en Syrie-Liban ; coptes d'Égypte)[2], et d'abord au moyen de l'École. La diffusion de l'instruction moderne en milieu chrétien d'Orient permit ainsi aux Libanaises chrétiennes, par exemple, de jouir d'un statut social auquel ne pourront prétendre – pendant longtemps – leurs compatriotes musulmanes.

B) *Facteurs internes.*

a) La prédication réformiste (dans le dernier quart du XIXe siècle) met en relief la visée libératrice de

1. M. Fahmy, *La condition de la femme...*, p. 165.
2. Cf. Erich W. Bethman, *Bridge to Islam,* London, 1953, p. 152.

l'Islam, sans distinction de race et de sexe, et rappelle que « la recherche du savoir est une obligation de foi pour tout Musulman et toute Musulmane » (parole du Prophète).

b) L'action moderniste. La jeunesse moderniste était plus sensible que ses aînés aux critiques formulées en Europe à propos du statut de la femme dans le monde musulman. La situation dégradée de la femme musulmane apparaît dans l'optique moderniste aussi humiliante pour les Musulmans qu'indigne du message de l'Islam. Tandis que le discours réformiste ne consistait alors qu'en vœux pieux, quant à l' « amélioration » de la condition féminine, ce sont les modernistes qui inaugurent le XXe siècle sous le signe de la révolte contre le triste sort des femmes dans les sociétés musulmanes :

- En Inde. Un disciple de Sayyid Ahmad Khân, Mumtaz Ali, se fait le champion de la cause féminine. Son essai : *Les droits des femmes*[1] plaide pour l'égalité sociale des sexes, par la réforme de toutes les pratiques immorales indûment associées au statut personnel de la femme dans la législation musulmane.
- Dans le monde arabe. C'est à l'Égyptien Qâsim Amîn (1863-1908), un diplômé d'Oxford, que revient le mérite d'avoir le premier posé la question de l'émancipation féminine non plus en termes moraux, mais en termes d'urgente nécessité. Son manifeste historique : *Libération de la femme*[2] provoque un séisme socioculturel sans précédent. Un débat passionné s'instaure entre les « anciens » et les « modernes ». Ceux-ci étaient décidés à combattre les tyrannies dogmatiques, à dénoncer le juridisme des Écoles traditionnelles qui se

1. Huqūq-i Niswān, Lahore, 1898. Cf. l'exposé de ses idées, *dans* Aziz Ahmad, *Islamic Modernism...*, p. 72 sq.
2. *Tahrīr al-Mar'a,* Le Caire, 1899. La polémique soulevée par ce livre amène l'auteur à faire une série de mises au point, sous le titre : *Al-Mar'a al-Jadīda (La femme nouvelle),* Le Caire, 1901.

croyaient fondées à assumer – envers et contre tout – un magistère exclusif en matière de loi musulmane.

Désormais, la cause féminine sera le discriminant entre les forces de progrès et les forces rétrogrades. Dès les premières années du XXe siècle, le mouvement féministe prend une certaine ampleur dans le monde arabe et en Turquie (parmi les « Jeunes-Turcs ») ; il ne tardera pas à être animé par des femmes, parmi lesquelles les Égyptiennes Malāk Hifnī Nāsif (1886-1918) et Hudā Sha‘rāwī (1882-1947).

Ce mouvement cherche sa légitimation dans l'authenticité islamique. C'est dans la fidélité à l'éthique coranique même qu'il entend formuler ses revendications : abolir les usages sociaux contraires aux valeurs du message révélé ; récuser les normes légales ou coutumières non édictées formellement par le Livre saint (comme par exemple : la nature du « voile », la réclusion des femmes) ; dénoncer les pratiques abusives en contradiction avec l'esprit du texte coranique (en matière de polygamie et de répudiation) ; lutter pour l'éducation et l'instruction des filles à égalité avec les garçons, conformément aux idéaux de l'islamisme.

Le féminisme sera le thème de ralliement de la génération née aux alentours de 1890 ; une génération impatiente de s'affranchir des entraves du passé aussi bien que des forces oppressives du présent. En ce début du siècle, le courant réformiste et les partisans du modernisme gagnent du terrain ; cependant le monde musulman n'est pas près de franchir le tournant décisif de son histoire contemporaine.

Néanmoins, certains signes encourageants pouvaient justifier un optimisme raisonné, faisant dire à l'Égyptien Mansour Fahmy (disciple de Lévy-Bruhl) : « L'évolution inéluctable prépare l'émancipation des opprimés, et bientôt la figure anémiée de la femme musulmane reprendra un aspect de santé et de vie, lorsque les efforts de la jeunesse amie du progrès auront réussi à assainir la société et les mœurs. »[1]

Dans l'euphorie du début du XXe siècle, les élites musulmanes se voyaient à l'aube d'un nouvel âge d'or où l'Islam, rajeuni, pourrait enfin s'accorder avec la civilisation moderne dont ils se faisaient les chantres passionnés. Mais cette ferveur romantique sera sans lendemain. Les rêves de réconciliation et d'harmonie entre l'Europe et l'Islam finiront par sombrer dans la tourmente de la guerre (1914-1918). Les années de crise internationale seront le point de départ d'intenses interrogations islamiques sur les visées politiques, économiques et stratégiques des Puissances européennes et, plus généralement, sur les fondements moraux de la civilisation occidentale.

1. M. Fahmy, *op. cit.*, p. 166.

Chapitre VI

LE TEMPS DES ÉPREUVES

I. – Les premières désillusions

Le XXe siècle semblait se présenter sous d'heureux présages aux yeux des modernistes qui espéraient une rapide évolution du monde musulman vers le progrès et la liberté. Dans les années 1905-1913, un certain nombre d'événements d'ordre politique et socioculturel viennent plus ou moins corroborer cette espérance.

Cette décennie voit l'essor du mouvement féministe ; le développement des luttes pour la défense de la personnalité politique et culturelle des peuples musulmans : 1906, la *All India Muslim League* ; Nijni-Novgorod (août), Ier Congrès musulman de l'Empire russe, et fondation de l'Entente musulmane ; naissance du mouvement « Jeunes-Tunisiens » (1906-1907) ; extension des revendications politiques : 1906, en Iran, sous la pression populaire, le Châh Muzaffaruddin promulgue une constitution et convoque un Parlement ; 1908, les Jeunes-Turcs contraignent le sultan Abdul-Hamid II à rétablir le régime constitutionnel et à engager des réformes ; l'achèvement de la voie ferrée Istanbul-Médine (1900-1908), pièce maîtresse dans la stratégie panislamiste du sultan, soulève un immense enthousiasme dans le monde musulman.

Mais les illusions de la jeunesse moderniste allaient être rapidement démenties par une série d'épreuves. En l'espace de quelques années, de graves inquiétudes s'accumulent à l'horizon de l'Occident. De son côté, l'Empire ottoman – point de mire des peuples musulmans depuis l'Inde jusqu'au Maghreb – donne des signes de déclin, miné qu'il était par les contradictions internes (antagonisme des idéologies panturquiste et panislamiste ; tensions raciales et religieuses, etc.), et acculé par les grandes Puissances européennes à une politique défensive. À l'approche de la date fatidique de 1914, dans un climat de guerre froide et d'écartèlement moral, la Communauté islamique se sent entraînée malgré elle vers la catastrophe.

La décennie précédant la Première Guerre mondiale est dominée par les grandes manœuvres diplomatiques et militaires des grandes Puissances : France et Angleterre, depuis l'Entente cordiale (1904), d'un côté ; Allemagne et Autriche de l'autre ; sans oublier la Russie qui réapparaît sur la scène européenne et sur les marches de l'Empire ottoman, après son échec en Extrême-Orient (guerre russo-japonaise de 1904-1905). Ces rivalités européennes conduiront à des coups de force dont les pays musulmans seront parfois le théâtre (par exemple, la spectaculaire intervention allemande au Maroc par le « Coup d'Agadir », en 1911).

Les risques de conflits inhérents à la situation internationale d'alors concernaient à plus d'un titre le monde musulman. Les peuples coloniaux se trouvaient impliqués, malgré eux, dans un affrontement entre les blocs européens. En Algérie par exemple, avec les préparatifs de la guerre, le désarroi de la population musulmane est sans précédent. L'instauration du service militaire obligatoire pour les Algériens musulmans[1] soulève une vague de protestations

1. En deux étapes : *a)* décret du 28 février 1911, établissant le recensement annuel ; *b)* décret du 3 février 1912, instituant le service militaire obligatoire (par tirage au sort ; durée : trois ans).

et provoque l'exode de milliers de familles vers l'Orient[1].

Tandis que la situation internationale évoluait dangereusement vers un conflit général, de nouvelles poussées d'expansionnisme européen atteignent les pays d'Islam (tableau ci-après). La Communauté musulmane se voit menacée – comme telle – par une coalition européenne infiniment plus redoutable que les croisades de l'époque médiévale.

1907	Accord anglo-russe sur le partage de l'Iran en zones d'influence
1900-1911	Intervention russe dans la crise iranienne
1911-1912	L'Italie entreprend l'annexion de la Tripolitaine
1912 (mars)	Le Maroc sous protectorat français (et espagnol)
1913 (mai)	Pressions russes sur la frontière de l'Iran
1914 (octobre)	La Grèce s'empare de Salonique
1914-1917	Russes et Britanniques occupent l'Iran

Dans cette phase critique pour de nombreux peuples musulmans, la crédibilité des modernistes est sérieusement ébranlée. Les partisans de l'Europe et de ses modèles culturels ont du mal à justifier leurs positions, surtout au regard de populations durement éprouvées dans leur dignité et leur liberté du fait de l'hégémonisme européen. Aussi les rêves de réconciliation et d'entente entre l'Europe et l'Islam finiront-ils par sombrer dans la crise mondiale (1914-1918).

2. **Islam-Occident : la crise de confiance.** – Les crises qui affectent le monde musulman au lendemain de la Première Guerre mondiale découlent en premier

1. Vu son ampleur et ses répercussions politiques, cet exode a fait l'objet d'une enquête officielle : Gouvernement général de l'Algérie, *L'exode de Tlemcen en 1911* (Rapport Barbedette), Beaugency, 1914, 136 p.

lieu d'une crise de confiance à l'égard de l'Occident (autrement dit l'Europe, car les États-Unis d'Amérique, surtout en la personne du président Th. W. Wilson (1912-1920), incarnaient alors une certaine idée de la justice et de la morale internationale).

Depuis la guerre, et tout au long des années 1920 et 1930, les peuples musulmans se trouvent désarmés face à la stratégie impérialiste des Puissances coloniales européennes. À leurs yeux, cette stratégie n'avait d'autre but que la dislocation et la domination du monde musulman, à commencer par l'Empire ottoman qui, en dépit de ses faiblesses structurelles, était la seule puissance islamique à compter sur l'échiquier international.

Il importe ici d'évoquer certains épisodes de la politique européenne qui furent ressentis par les Musulmans à la fois comme des trahisons et de véritables dénis de justice à l'égard de la nation arabe et de la Communauté islamique tout entière.

II. – La révolte arabe de 1916

1. **Le partage de l'Empire ottoman.** – Dès le début de la guerre, les négociations entre les Puissances européennes escomptaient le démembrement final de l'Empire turc et son partage en zones d'influence (cf. les divers accords anglo-franco-russes de mars-avril 1915 ; le traité de Londres du 26 avril 1915 entre l'Italie, la Grande-Bretagne et la France). Durant les années de guerre, l'action diplomatique et militaire de ces deux dernières eut notamment pour objectif d'éliminer les Turcs de l'ensemble du Proche-Orient arabe. Vu l'immensité du théâtre d'opérations, le succès d'une telle stratégie devait reposer moins sur la force des armes que sur l'action psychologique, afin de gagner l'adhésion des *nationalités,* y compris les

Arabes. Dans ce dessein, les services britanniques s'employèrent à catalyser les éléments favorables à la création d'un royaume arabe (dont la configuration serait à déterminer à la fin des hostilités).

2. **Le Chérif de La Mekke.** – Du côté arabe, un personnage était susceptible de servir cette cause : c'était le chérif Hussein, de la famille hachémite (lignée du Prophète). Il était gouverneur des Lieux saints du Hedjaz, province de l'Empire ottoman. Fort de certaines promesses britanniques (cf. la correspondance McMahon-Hussein, de juillet 1915 à mars 1916), Hussein lève l'étendard de la *Révolte arabe* contre les Turcs, avec l'espoir de se tailler un royaume couvrant les territoires arabes sous tutelle ottomane (Égypte non comprise).

Bien qu'improvisée sur un fond d'intrigues, au milieu du désarroi de l'opinion arabe (du fait de l'allégeance de beaucoup de musulmans sunnites envers le sultan-calife ottoman), l'entreprise de Hussein entraîna l'adhésion des milieux nationalistes, qu'il s'agisse de musulmans (déçus par le régime absolutiste et chauvin de Constantinople), ou de chrétiens (peu enclins à soutenir un régime faisant profession de panislamisme).

3. **Les grandes manœuvres (1917-1918).** – On ne s'attardera pas sur les épisodes de cette « Révolte arabe » de 1916, qui fut moins l'expression d'un élan populaire de libération nationale qu'une aventure politique un moment servie par la convergence d'ambitions personnelles (Hussein, Lawrence, etc.) et de visées impérialistes. Escomptant l'appui des masses arabes (que l'on croyait excédées par la tutelle ottomane), les deux camps en présence cherchèrent à légi-

timer leurs intérêts respectifs par des motifs d'ordre moral : libération des nationalités, droit des Arabes à l'indépendance. Mais l'alliance anglo-arabe reposait sur un jeu complexe de calculs stratégiques, liés aux fluctuations des rapports de force dans le contexte de la guerre générale.

Dès les premiers mois de 1917 (année cruciale pour le monde arabe), la Grande-Bretagne dévoile les objectifs réels de sa politique au Proche-Orient, à savoir : la mainmise sur la Palestine et la Mésopotamie, afin de s'assurer : *a)* le contrôle des Lieux saints (Jérusalem) ; *b)* la maîtrise des champs pétrolifères de l'Irak, qu'un rapport de Marc Sykes (20 juin 1916) signalait déjà comme « essentiels à la puissance maritime, aérienne et industrielle de la Grande-Bretagne » (Jon Kimche, p. 45). Du même coup, se trouveraient aplanis tous obstacles sur la fameuse *route des Indes* (« de la Méditerranée au Golfe »).

Cette ambitieuse stratégie supposait l'adhésion des Arabes, à commencer par le chérif Hussein (« roi du Hedjaz » depuis le 1er janvier 1917), dont les intérêts étaient désormais liés à ceux des Anglais. La coalition anglo-arabe contraint rapidement les Turcs à évacuer la Palestine et la Syrie. Les troupes arabes atteignent Damas le 1er octobre 1918, avec à leur tête l'émir Faysal, fils et représentant personnel du roi Hussein.

4. **Le règne éphémère de Faysal.** – La défaite des Turcs fit le bonheur des opposants au régime ottoman. Mais elle divisa l'opinion arabe quant aux attitudes à adopter vis-à-vis : *a)* des Anglais, regardés plutôt comme des occupants. *b)* de Faysal, considéré par les uns comme un libérateur, et par d'autres comme un opportuniste à la solde des puissances étrangères. Ce dernier parvint toutefois à composer avec les

thèses nationalistes et à se faire proclamer roi par le Congrès syrien (7 mars 1920).

Le pouvoir de Faysal impliquait la pleine souveraineté arabe en Syrie-Palestine-Transjordanie, ce qui était incompatible avec les visées franco-anglaises dans la région. En effet, après la capitulation de la Turquie (30 octobre 1918), Français et Anglais cherchent à consolider leurs positions respectives en Syrie et Palestine. En outre, confirmant les grandes lignes des « Accords Sykes-Picot » (1916), la Conférence de San Remo confie à la Grande-Bretagne un mandat pour la Palestine et la Mésopotamie, et à la France un mandat pour la Syrie et le Liban (26 mai 1920). Le mandat français devait aussitôt entraîner l'éviction de Faysal. Après des tractations infructueuses, ce dernier finit par céder aux ultimatums du haut-commissaire (général Gouraud). Les Français occupent Damas (25-26 juillet). Il ne restait plus à l'ex-roi qu'à prendre le chemin de l'exil (1er août).

L'échec de Faysal fut ressenti par les Arabes comme une cuisante humiliation. Au surplus, l'établissement du mandat français selon un processus de conquête militaire, apparaissait en flagrante contradiction avec l'esprit de la *SDN*. Ceux qui caressaient la promesse de l'Indépendance, par l'intermédiaire de Faysal et des Anglais (voire des Américains), se trouvèrent confrontés à la dure réalité d'un pouvoir étranger résolu à réduire par la force toute velléité de résistance politique ou militaire.

5. **L'amertume des Arabes.** – Hormis les milieux chrétiens plutôt favorables à la présence française (en Syrie-Liban), et le mouvement sioniste (qui espérait étendre son emprise en Palestine à la faveur de la présence britannique), la majorité des Arabes du Proche-Orient manifesteront une irréductible opposition au

régime des mandats. Avec la ruine de leurs espérances, Syriens et Palestiniens constateront que :

a) ils n'ont été « libérés » de la tutelle ottomane que pour tomber sous la tutelle européenne ;

b) aucune des promesses faites aux Arabes n'a été vraiment honorée, comme l'atteste le triste sort du roi Faysal, abandonné par les Anglais et contraint à l'exil par les Français ;

c) le régime de mandat était en fait « synonyme de régime de colonialisme et d'asservissement » (Rachid Ridā) ;

d) enfin, au mépris de la volonté unanime des peuples de la région, les Anglais ont cru devoir disposer unilatéralement de la Palestine en vue d'y établir un « Foyer national juif ».

III. – La « Déclaration Balfour »

1. **La question sioniste.** – Depuis la fin du XIXe siècle, la question sioniste est à l'ordre du jour[1]. Avant 1917, les Arabes étaient loin de réaliser les dimensions politiques du sionisme et son possible impact sur le destin du Proche-Orient. À noter cependant que, jusqu'à la fin de son règne (1909), le sultan-calife Abdul-Hamid II opposera une fin de non-recevoir aux démarches des leaders sionistes en faveur de l'établissement de colonies juives en Palestine[2].

Au cours de la Première Guerre mondiale, tandis que les chancelleries spéculaient sur le démembrement de l'Empire ottoman, les revendications sionistes se firent plus pressantes auprès des Puissances occiden-

1. Cf. l'exposé doctrinal du Hongrois Theodor Herzl (1860-1904), *Judenstaat* (« L'État juif »), Vienne, 1896 ; *Le Ier Congrès sioniste,* Bâle, 1897.

2. *Pensées et souvenirs de l'ex-sultan Abdul-Hamid,* Paris, Neuchâtel, 1914, p. 18-19.

tales (Grande-Bretagne, France, États-Unis). Avec l'effondrement de l'Empire ottoman, les Arabes se trouvèrent désarmés face à l'influence grandissante du sionisme. Pour défendre leurs droits et leurs intérêts, ils ne disposaient ni de structures d'État, ni de porte-parole de stature internationale, ni d'aucune espèce de moyen de pression. À l'inverse, les thèses sionistes, appuyées par d'éminents avocats en Europe et aux États-Unis, suscitèrent de nombreuses et puissantes sympathies, notamment au sein du cabinet britannique.

2. **Le Foyer national juif.** – On a déjà noté l'intérêt qu'attachait la Grande-Bretagne à la question sioniste, dans le cadre de sa stratégie politique au Proche-Orient. Dans ce contexte, et parallèlement aux promesses faites aux Arabes, un soutien britannique à la cause sioniste allait de soi. D'où la fameuse « Déclaration Balfour » (du nom du secrétaire au Foreign Office, Arthur James Balfour), aux termes de laquelle : « Le gouvernement de Sa Majesté envisage favorablement l'établissement en Palestine d'un Foyer national pour le Peuple juif, et fera tout son possible pour faciliter l'accomplissement de ce projet... » (2 novembre 1917).

Préjugeant unilatéralement du statut futur de la Palestine (un an et demi avant la décision de la Conférence de San Remo sur les mandats), ce document était en contradiction avec les engagements moraux et diplomatiques de la Grande-Bretagne vis-à-vis des Arabes, notamment en la personne du chérif Hussein. Sa révélation (mai 1919) mit le comble à l'indignation des Arabes : sans eux et malgré eux, un dramatique chapitre était ainsi ouvert dans l'histoire du Proche-Orient.

3. **La Commission King-Crane.** – Avant l'institution des mandats européens sur leurs pays, les Arabes virent un ultime espoir en la « Commission King-Crane ». Envoyée de Paris par le président Wilson pour recueillir les vœux des populations de Syrie, Palestine et Mésopotamie, avant qu'il ne soit statué sur leur sort à la Conférence de la Paix, cette commission enquêta de mai à juillet 1919. Dans leur rapport, Henry C. King et Charles Crane mirent nettement l'accent sur l'unanime opposition des Arabes à l'immigration juive et à la tutelle européenne, sous quelque forme que ce soit. Mais après le retour de Wilson aux État-Unis (mi-septembre), la Conférence de la Paix se contenta de classer le Rapport King-Crane, occultant par là même les desiderata arabes que ledit rapport était censé refléter.

4. **La fin des illusions.** – Avec le traité de Versailles (23 juin 1919), outre l'Allemagne et la Turquie, les peuples arabes devaient faire les frais de la « paix des vainqueurs ». Un an plus tard (19-26 mai), la Conférence de San Remo légalisera les arrangements territoriaux déjà conclus entre la France et la Grande-Bretagne, ainsi que les engagements pris par celle-ci en faveur des Juifs (Déclaration Balfour), donnant à la fois satisfaction aux Puissances mandataires et aux sionistes, mais au détriment des intérêts nationaux arabes.

Les accords de San Remo consacraient l'échec des principes wilsoniens, notamment au regard du droit des peuples à disposer d'eux-mêmes. Ils portaient en germe les tragiques développements de la *question palestinienne* et inauguraient pour le monde arabe une phase de longs et durs affrontements avec l'Occident.

Chapitre VII

LA CRISE DE L'ENTRE-DEUX-GUERRES

La fin de la Première Guerre mondiale marque l'écroulement d'un ordre ancien d'un bout à l'autre de l'aire islamique. C'est aussi la fin des mythes qui ont longtemps façonné la vision musulmane du monde, à partir d'immuables certitudes : inviolabilité du territoire islamique *(Dār al-islām)* ; supériorité de la culture et de la civilisation musulmanes ; cohésion des peuples unis dans la fraternité de l'*Umma* : bref, tous les archétypes inhérents à l'image temporelle d'un Islam souverain.

Au lendemain de la guerre, les certitudes d'hier font place à d'amères réalités. Hormis la Turquie et certaines principautés arabes, les pays musulmans ont pratiquement tous perdu leur indépendance. Des peuples musulmans se retrouvent, malgré eux, inféodés à des camps opposés. Incorporés dans les armées européennes, des dizaines de milliers de jeunes musulmans (Inde, Maghreb, Afrique subsaharienne) sont portés à combattre d'autres musulmans (Irak, Syrie, Maroc, etc.), au nom de causes qui ne les concernaient en rien.

La victoire de 1918 donne aux Puissances européennes les moyens d'étendre leur expansion coloniale du XIXe siècle. Au cours des années 1920, la majeure partie des pays musulmans sont absorbés dans de nouveaux empires, soit par des Puissances proclamant bien haut les valeurs de leur tradition chrétienne

(Grande-Bretagne, France, Italie, Espagne), soit par les conquérants révolutionnaires russes.

Mais la conséquence la plus spectaculaire de la Première Guerre mondiale fut la chute de l'Empire ottoman. Les Arabes en furent largement coresponsables : les uns, par idéalisme et volonté d'indépendance ; les autres, par opportunisme, séduits qu'ils étaient par de flatteuses promesses européennes. Cette chute entraîna aussitôt la disparition du Califat, la seule institution symbolisant – sur une certaine échelle – l'unité politico-religieuse de la Communauté islamique.

I. – Le déclin du Califat

Rappel historique. – Depuis Abdul-Hamid Ier (1774-1789), les sultans ottomans se présentaient comme titulaires du Califat : la magistrature suprême en Islam sunnite. Ils étaient censés incarner la continuité d'une « succession » *(Khilāfa),* remontant à la mort du Prophète (632). À ce titre, ils assumaient une mission à caractère religieux comme *protecteurs des Lieux saints* (La Mekke - Médine) et défenseurs de l'islamisme. Ce qui leur valait une large audience à l'échelle du monde musulman[1].

Vers la fin du règne de Abdul-Hamid II (1909), sous la pression des « Jeunes-Turcs » (mouvement *Union et Progrès*), la fonction califale sera considérablement amoindrie. Ce déclin s'explique par plusieurs facteurs :

a) L'échec du panislamisme invoqué par le sultan pour légitimer le pouvoir ottoman. Dès le départ, l'idéologie panislamique apparaît comme un adjuvant

1. Hormis : *a)* l'Empire chérifien (Maroc), dont le souverain (« Commandeur des Croyants ») assumait la continuité d'une tradition califale autonome depuis le XIIe siècle (dynastie almohade) ; *b)* la Perse, de tradition chî'ite, séparée institutionnellement de la majorité sunnite.

de la politique extérieure d'Istanbul, alors mobilisée contre l'influence britannique dans le monde arabe et en Inde (où de fortes minorités musulmanes étaient naturellement sensibles aux arguments de la seule grande puissance islamique de l'époque : la Turquie).

Mais cette idéologie perdait de sa crédibilité à raison des pratiques despotiques du régime ottoman. Contrecarré à l'extérieur par la diplomatie et la propagande britanniques, le panislamisme trouvera peu d'avocats à l'intérieur de l'Empire parmi la classe intellectuelle et religieuse. De plus, les leaders réformistes – qui représentaient l'avant-garde de la pensée islamique – étaient quasi unanimes dans leur attitude critique à l'égard du système ottoman.

b) La défection de certains chefs arabes, comme le chérif Hussein, gouverneur de La Mekke (voir *supra,* p. 64). Dans un Manifeste en dix points (5 juin 1916), il invoque des motifs d'ordre religieux pour justifier sa rébellion contre l'autorité califale. Mais il s'agit là d'un simple habillage d'ambitions dynastiques, sur la base d'arrangements conclus avec la diplomatie anglaise. La dissidence de l'émir de La Mekke porta un coup mortel à la Turquie en guerre (depuis le 14 novembre 1914). Privée de l'argument de la cohésion islamique, la Turquie verra en outre son potentiel militaire gravement affaibli par l'hostilité des pays arabes[1].

Au lieu de trouver dans ces pays d'indispensables réserves en hommes et approvisionnements, elle fut obligée d'y engager d'importantes forces, déployées sur plusieurs fronts (Sinaï, Palestine, Mésopotamie, golfe Persique, Hedjaz, Yémen), à d'énormes distances des bases centrales de l'Empire.

1. La Turquie conservait des fidélités dans la périphérie de l'Empire : Yémen (Imâm Yahya) ; Soudan ; Libye (confrérie Senoussiyya) ; Maghreb (nationalistes algéro-tunisiens acquis au panislamisme).

c) Les assauts de l'Europe. – Bien avant le déclenchement de la Première Guerre mondiale, l'Empire ottoman avait commencé à subir les attaques européennes. À titre d'exemple, citons la guerre italo-turque (1911-1912) qui contraint la Turquie d'abandonner la Tripolitaine (Traité d'Ouchy, 18 octobre 1912). Mais c'est à partir de 1914 que les *Ententes* européennes[1] organisent leur offensive diplomatique et militaire en vue d'abattre la puissance turque.

Par ailleurs, les puissances coloniales intensifient leur propagande pour gagner la neutralité de leurs sujets musulmans, et au besoin dresser l'opinion islamique contre le régime d'Istanbul. Des muftis furent amenés à persuader leurs coreligionnaires de rejeter toute allégeance envers le calife ottoman. La *Revue du Monde musulman* (t. 29, décembre 1914) publie une liste impressionnante de « Recommandations aux Fidèles » et de témoignages personnels de loyalisme envers la France, émanant de hauts dignitaires du « clergé » musulman et des principaux chefs de confréries maraboutiques d'Afrique occidentale (p. 7-188), d'Algérie (p. 193-246), de Tunisie (p. 265-299) et du Maroc (p. 301-366). En outre, les encouragements prodigués au chérif de La Mekke par les hauts représentants britanniques en Égypte (général Kitchener, puis H. McMahon) procèdent de la même volonté de saper les fondements moraux de la puissance ottomane en l'isolant sur la scène islamique internationale.

II. – La chute du Califat

Attaqué sur tous les fronts par les Puissances européennes, harcelé à l'intérieur par les mouvements sé-

1. La *Triple Entente* (Angleterre-France-Russie), à laquelle se joindra l'Italie (Traité de Londres, 26 avril 1915) ; l'*Entente balkanique*.

paratistes (y compris les nationalistes arabes et partisans de la famille hachémite), l'Empire s'effondre le 30 octobre 1918. Le Traité de Sèvres (10 août 1920) – cette « incarnation de l'impérialisme » (George Lenczowski, p. 99) – impose à la Turquie des conditions écrasantes : amputations territoriales au profit de la Grèce, de l'Italie et des puissances mandataires (France, Grande-Bretagne) ; lourdes clauses financières ; capitulations au bénéfice des minorités non musulmanes. L'humiliation de la Turquie (et du Califat par voie de conséquence) est durement ressentie en pays d'Islam.

Au-delà de ses aspects militaires, la défaite de la Turquie signifiait l'échec d'un système : celui de l'Empire ottoman. Pour les uns, cet échec constituait un drame historique pour la Communauté musulmane tout entière ; pour d'autres, il justifiait la condamnation sans appel de l'institution califale. On vit néanmoins se former des courants en faveur de la défense du Califat. À Bombay par exemple, le *Khilāfat Movement* (1918-1924) regroupe de nombreux leaders de l'Islam indien (les frères Shawkat et Muhammad Ali, Abū l-Kalām Āzād, Mahmūd al-Hasan), auxquels se joindra Gandhi lui-même (mars 1920).

Dans le climat révolutionnaire de la guerre d'Indépendance (1920-1923), les nouveaux dirigeants turcs (Mustafa Kemal en tête) auront grande hâte de se débarrasser des symboles de leur défaite. La Grande Assemblée nationale décide la suppression du Sultanat (2 novembre 1922) ; peu de temps après, la nouvelle Assemblée vote l'abolition du Califat (3 mars 1924).

Cet acte, le plus radicalement révolutionnaire jamais enregistré dans l'histoire politique du monde musulman, s'inscrit dans la logique de l'idéologie turquiste prêchée par les Ziyâ Gökalp (1875-1924),

Ahmed Agaïev (1865-1939), Yousouf Aktchoura (1876-1933), etc. La nouvelle intelligentsia turque voyait le salut de la nation dans la séparation de la religion et de l'État. Or le Califat incarnait la fusion du religieux et du politique. À ce titre, il était à leurs yeux fondamentalement responsable des retards et des faiblesses dont souffrait la Turquie au début du XXe siècle. Ces arguments justifiaient, à leurs yeux, le rejet pur et simple de l'institution califale.

III. – Le débat sur la question du Califat

Durant les années 1920 et bien au-delà, la question du Califat sera au centre des interrogations musulmanes. D'abord, sur les responsabilités du nouveau régime républicain de Turquie ; ensuite, sur la vacance du Califat et ses répercussions sur le devenir de la Communauté islamique.

Les difficultés internes de la Turquie au sortir de la guerre ne pouvaient justifier au regard du monde islamique l'abolition d' « une institution qui est l'apanage de trois cents millions de Musulmans et non de cinq à six millions de Turcs seulement »[1]. Si, du point de vue de Mustafa Kemal, les mesures portant sur l'institution califale faisaient partie du plan de *réformes internes*[2], ces mesures furent perçues à l'extérieur comme un véritable divorce de la République turque d'avec le reste du monde musulman (divorce aggravé ensuite par le rejet d'autres symboles : alphabet arabe ; appel à la prière en arabe ; loi coranique, etc.). D'où les sentiments d'amertume et d'hostilité qui marqueront les discours et les attitudes de nombreux peu-

1. *La Tribune d'Orient* (Genève), 5 avril 1924, 1re p., 2e col.
2. Réponse de Mustafa Kemal à Maurice Pernot, *Revue des Deux Mondes,* Paris, 1er février 1924, p. 632.

ples musulmans à l'égard de la Turquie tout au long du régime kémaliste (1923-1950)[1].

Voyons maintenant les étapes des réactions islamiques quant au problème du Califat :

1 / Passé le moment de stupeur après l'abolition du Califat, le monde musulman se trouva confronté à de graves interrogations quant au devenir de la magistrature suprême en Islam. Pour de nombreux responsables politiques et religieux, la restauration du Califat s'imposait comme une priorité absolue. Tel était l'objectif des « Congrès du califat » : *a)* celui du Caire, prévu pour mars 1925, et tenu du 13 au 19 mai 1926 ; *b)* celui de La Mekke (7 juin - 5 juillet 1926).

Ces deux congrès furent sans résultat, tout comme le Congrès panislamique de Jérusalem (8-17 décembre 1931), qui fut dominé par la question palestinienne. Vu les intérêts politiques et dynastiques en jeu, compte tenu aussi des antagonismes idéologiques et doctrinaux (panislamisme-panarabisme, d'une part ; orthodoxie classique et wahhâbisme, d'autre part), le problème du Califat apparaissait comme la quadrature du cercle.

2 / Si le modèle ottoman du Califat semblait définitivement condamné, les experts commençaient à théoriser sur un modèle alternatif, susceptible de refléter tout à la fois : l'éthique coranique, la pratique politique du Prophète et la gouvernance des quatre premiers califes (632-661). Telle était l'option du courant réformiste des *Salafiyya* et de son théoricien le plus en vue, Rachid Rida (m. 1935). Dans une série d'études sur la question[2], celui-ci plaide pour la restauration de l'*Imāmat* (une sorte de pontificat électif), émanation

1. Sous Mustafa Kemal, du 29 octobre 1923 à sa mort (10 octobre 1938), puis Ismet Inönü (1938-1950).

2. Le Caire, 1923 ; trad. franç. par H. Loust, *Le Califat dans la doctrine de Rašīd Riḍā...*, Beyrouth, 1938, 286 p.

d'un pouvoir collégial assumé par les représentants qualifiés de la Communauté. Le souverain élu (Imām) et le collège des « Grands Électeurs » forment solidairement l'État islamique, « le meilleur régime, non seulement pour les Musulmans mais pour l'Humanité tout entière. Cet État, en effet, réunit la justice et l'égalité, fait respecter les intérêts de chacun, ordonne le bien, interdit le mal (...) ; il apporte ainsi une solution aux fléaux sociaux inhérents aux gouvernements athées et matérialistes qui ont acculé tant de sociétés au bolchevisme et à l'anarchie » (*op. cit.*, p. 116).

Cette envolée lyrique trahissait une totale inadéquation de la doctrine sunnite aux réalités de l'époque. Le concept d'État supranational à l'échelle de l'*Umma* relevait de la pure utopie, en un moment où les seules entités politiques musulmanes indépendantes étaient la Turquie et l'Arabie du Nord, sous le pouvoir séoudite naissant. Mais, à défaut de réalisme, la thèse de Rachid Rida illustre la vitalité de la doctrine orthodoxe, qui définit l'institution califale en termes de nécessité permanente pour la Communauté islamique.

3 / Avec les années – et l'apparition de nouveaux foyers de tensions et de conflits dans le monde musulman[1] – la dimension passionnelle de l'affaire du Califat finit par s'estomper. Les doctrinaires du panislamisme n'avaient aucune solution de rechange à proposer.

Entre-temps, le discours sur la Califat s'enrichit progressivement de thématiques nouvelles. Des leaders religieux indépendants osèrent dire leur soulagement de voir le monde musulman débarrassé d'une institution

1. La guerre du Rif (1925-1926) ; la tension en Palestine du fait de l'immigration juive sous le mandat britannique ; les troubles insurrectionnels en Syrie sous le mandat français (1925-1926) ; l'offensive soviétique contre l'Islam en Asie centrale (1922-1926), etc.

devenue fantomatique et docile aux influences étrangères. Ce que beaucoup de responsables musulmans pensaient en privé, le réformateur algérien Ibn Badis (m. 1940) eut le mérite de l'exprimer tout haut dans sa revue *Al-Shihāb* (Constantine, mai 1938, p. 61) : « Les Turcs n'ont pas aboli le Califat dans son sens islamique. Ils n'ont fait que supprimer un régime qui leur était propre, et mis fin au symbole illusoire par lequel on cherchait en vain à séduire les Musulmans. »

4 / Tandis que l'idée de la restauration du Califat perdait du terrain, la réflexion islamique a tenté d'explorer des voies nouvelles. Du problème de la magistrature suprême, on en vint à s'interroger sur les principes du pouvoir en Islam. Dans un essai retentissant : *L'Islam et les fondements du pouvoir*[1], l'Égyptien Alī Abd al-Rāziq fit la démonstration que le concept classique du Califat n'a pas plus de fondement dans le Coran que dans l'enseignement du Prophète. La thèse fit scandale dans les milieux sunnites (notamment à l'Université d'Al-Azhar), car elle infirme le caractère canonique du Califat, en tant qu'il incarnerait l'union de la Religion et de l'État, conformément à l'interprétation *orthodoxe* des sources de l'Islam.

Presque en même temps, dans sa thèse de doctorat (*Le Califat,* Lyon, 1926), Abd al-Rāziq Sanhoury conclut à la nécessaire évolution de l'institution califale vers une forme de *SDN* orientale. De son côté, Mohammed Iqbal trouve parfaitement fondé le point de vue turc[2] établissant que, « selon l'esprit de l'Islam, le Califat ou Imâmat peut être investi dans un corps de plusieurs personnes, ou dans une assemblée élue » (*The*

1. *Al-Islām wa-usūl al-hukm,* Le Caire, 1925 ; trad. franç. par Léon Bercher dans la *Revue des Études islamiques,* Paris, 1933, Cahier III ; 1934, Cahier II.

2. Allusion à la décision de l'Assemblée nationale turque d'assumer les prérogatives du calife déchu (3 mars 1924).

Reconstruction..., p. 149 ; trad., p. 170). Échappant ainsi à la logique des nationalismes et de l'impérialisme, le Califat concrétiserait la visée originelle de l'Islam, qui est de constituer « une société des Nations » dans laquelle les frontières politiques et les distinctions raciales sont reconnues « uniquement pour la commodité des références, et non pour restreindre l'horizon social de ses membres » (p. 151-152).

5 / À partir des années 1925-1926, le modèle du Califat canonique sera de plus en plus discuté, y compris dans les milieux les moins suspects de sécularisme ou d'adhésion aux valeurs socioculturelles de l'Occident. À cet égard, la position d'Ibn Bādīs illustre bien la tendance islamique ouverte aux réalités des temps modernes. Faisant abstraction du Califat canonique et de tout autre projet politique unitaire qui prétendrait régir l'ensemble des pays d'Islam, le réformateur algérien préconise, au lieu du Califat personnel, une structure collégiale permanente et à caractère œcuménique. Une telle institution assumerait de plein droit les fonctions spirituelles de la magistrature suprême, tandis que les fonctions politiques, sociales et autres en seraient laissées à la compétence des États membres de la Communauté islamique.

Au vu des thèses exposées ci-dessus, on imagine l'ampleur du débat islamique au sujet du Califat. Ce débat restera ouvert au cours des années 1930. Il sera néanmoins supplanté au premier plan de l'actualité par d'autres problèmes, plus urgents : la crise palestinienne, les entreprises missionnaires en terre d'Islam, l'agressivité antimusulmane de certains régimes coloniaux (tableau ci-après). L'accumulation de ces problèmes va constituer pour la Communauté islamique l'une des plus graves épreuves de son histoire.

1930 (7-11 mai)	Congrès eucharistique de Carthage
1930 (16 mai)	Au Maroc, le *Dahir berbère* institue des « tribunaux coutumiers », dispensés d'appliquer la loi coranique
1933	Répression antimusulmane en Azerbaïdjan
1933-1937	Troubles sanglants en Palestine
1936 (23 mai)	Arrestations massives de leaders palestiniens
1938 (juin)	74 Arabes sont tués à Haïfa (Palestine)
1939 (2-8 mai)	Congrès eucharistique d'Alger
1939 (17 mai)	Un *Livre blanc* britannique prévoit dans un délai de dix ans, la création d'un État palestinien. Vagues de violences juives

IV. – La crise de conscience islamique

Les événements résumés dans les précédentes pages sont à l'origine de la crise morale qu'a enduré le monde musulman au cours de l'entre-deux-guerres.

1 / Le débat sur le Califat a été pour les intellectuels musulmans l'occasion de faire le bilan du monde de l'Islam : faillite morale et politique de l'Empire ottoman qui était censé représenter l'Islam sur la scène internationale ; déchirements idéologiques entre peuples dits « frères » ; insuffisance des moyens scientifiques et techniques mis en œuvre pour l'intégration de la nouvelle civilisation matérielle ; incohérence des réponses islamiques aux visées hégémoniques des nouveaux impérialismes (en comparaison avec la réponse indienne, à l'initiative d'un Gandhi) ; attitudes négatives des « docteurs de la Loi » face aux changements socioculturels liés aux phénomènes de l'urbanisation et à l'évolution des mentalités au regard de la condition féminine.

2 / En tant qu'échec d'un ordre ancien, la chute du Califat aurait dû susciter d'ardentes recherches en vue de construire un nouvel ordre islamique. Or

d'énormes énergies furent déployées tant pour faire l'apologie du passé, que pour faire barrage aux idées novatrices. En dehors de la Turquie où, par des mesures drastiques, Mustafa Kemal a su imposer un dynamique de changement, les forces d'innovation furent partout freinées dans le monde musulman par les pressions étrangères autant que par les forces d'inertie internes. En effet :

a) Les dominations coloniales ont objectivement renforcé les facteurs d'archaïsme parmi les sociétés musulmanes. Du fait d'une modernisation sélective, dans les secteurs vitaux pour les intérêts coloniaux (agriculture, exploitations minières et forestières, voies ferrées, installations portuaires, etc.), la présence européenne a souvent été génératrice de régression économique et socioculturelle en pays d'Islam.

Cette politique d'assujettissement et de dépersonnalisation de centaines de millions d'hommes a été servie par tout un arsenal de mesures juridiques et administratives : dispersion des élites (prison, exil) ; marginalisation institutionnelle des langues et cultures nationales ; rigoureux contrôle des échanges humains et culturels entre les différents pays musulmans (y compris pour le pèlerinage à La Mekke) ; fermeture aux indigènes des principaux circuits économiques, de la plupart des secteurs technologiques, et des fonctions d'autorité.

b) À l'intérieur même des communautés musulmanes, les tendances modernistes ont été constamment découragées par les forces d'inertie : les puissantes confréries religieuses à ramifications internationales (par ex. : la *Tījāniyya* en Afrique) ; le dogmatisme figé des mosquées-universités traditionnelles ; la doctrine wahhâbite – puritaine et sectaire – érigée en idéologie officielle par le pouvoir séoudien depuis le début du siècle (1912).

À noter une récente inflexion de l'idéologie officielle en Arabie Séoudite, où le pouvoir cherche à se démarquer du wahhâbisme, en se réclamant du réformisme – à vocation œcuménique – des *Salafiyya*. « Nous sommes salafites, non wahhâbites », déclare le roi Fahd, à la 1re Conférence des ministres de l'Information des pays islamiques (Jeddah, 11 octobre 1988)[1].

Pour les tenants de la stricte fidélité aux dogmes traditionnels – quant à la transcendance de la Loi religieuse *(Sharī'a)* –, les concessions au modernisme ne sauraient justifier ni une interprétation libérale du Coran, ni une relativisation du statut normatif de la Tradition du Prophète *(Sunna)*. Tels sont les griefs que les tout-puissants ulémas conservateurs ne cesseront d'opposer aux adeptes du modernisme *(Tajdīd)*, voire du réformisme *(Islāh)*, tout au long de l'entre-deux-guerres.

Ces diverses contraintes engendreront un sentiment d'impuissance (face à l'hégémonisme européen) et de frustration (devant l'immobilisme des agents du pouvoir religieux et culturel). D'où l'apparition d'une double tendance de résignation (« pleurer en silence les malheurs de l'Islam ») et de nostalgie des temps anciens. De telles tendances se traduiront au plan religieux comme au plan littéraire par un élan de ferveur en vue d'exalter :

– *La personnalité de Mohammad :* La littérature biographique *(Sīra)* du Prophète connaît une vogue spectaculaire à partir des années 1930. D'un bout à l'autre du monde musulman, des *Vies* de Mohammad se succèdent à un rythme sans précédent (Muhammad Ali, Moh. Essad Bey, M. H. Haykal, etc.).

1. *Al-Rābita*, revue de la Ligue islamique mondiale, La Mekke, mars-avril 1989, p. 4.

– *Les grandes figures de l'Islam primitif :* La littérature islamique s'enrichit d'une galerie de portraits d'hommes et de femmes illustres parmi les Compagnons du Prophète, à commencer par les quatre premiers califes (Abū Bakr, ʿUmar, ʿUthmān, ʿAlī).

Cette littérature, volontiers hagiographique, ne traduit pas seulement un repli désabusé sur un glorieux passé ; elle exprime la volonté de puiser dans les grands exemples des *Salaf* un « souffle de vie » pour les sociétés musulmanes contemporaines (Ibn Bâdîs). Ce sera là précisément l'un des principes directeurs de la pédagogie réformiste du *retour aux sources.*

Parallèlement à ces courants de réflexion éthico-sociologique, les traumatismes historiques évoqués plus haut susciteront des réactions en rupture avec : *a)* le conformisme officiel, qui offrait un argument à tous ceux qui dénonçaient la « morne stérilité de l'Islam » et l'indolence des masses musulmanes ; *b)* l'hypercriticisme occidental, inspiré tantôt par des préjugés culturels et religieux, tantôt par la logique même de l'idéologie colonialiste.

La période de l'après-guerre (années 1950-1960) verra une pensée musulmane engagée sur un double front : d'une part, la lutte pour la régénération morale des peuples musulmans ; d'autre part, la défense de l'Islam contre les atteintes extérieures. Ces diverses missions mobiliseront les énergies de toute une génération impatiente de secouer le joug colonial ainsi que les forces d'inertie propres aux sociétés musulmanes. Les luttes de libération sociale et politique seront d'autant plus vives que la conjoncture historique de l'après-guerre (1945-1955) ouvrira au monde musulman des perspectives favorables à un *nouveau départ.*

Chapitre VIII

UN NOUVEAU DÉPART

I. – Les pesanteurs sociologiques

Jusqu'au milieu du XXe siècle, les conditions politiques et sociologiques décrites plus haut n'étaient guère favorables à une rapide évolution des peuples musulmans dans le sens du progrès et du développement. La prédominance des facteurs d'archaïsme rendait inopérantes les timides tentatives de modernisme engagées ici ou là dans les domaines de l'éducation, de l'organisation sociale, des activités économiques. Les tendances libérales (milieux journalistiques, jeunes formations politiques) se heurtaient au front de refus constitué par les cadres traditionnels des sociétés musulmanes (confréries, mosquées-universités, etc.).

Dans le domaine intellectuel, malgré l'impulsion donnée à la culture islamique par le mouvement réformiste (en Inde comme dans le monde arabe), les conditions étaient loin d'être propices à une réorientation décisive de la pensée musulmane. La permanence de croyances ancestrales – identifiées à l'authentique credo de l'Islam –, rendait les mentalités populaires réfractaires à toute démythisation des dogmes traditionnels. Au niveau de l'expression de la foi, les théologiens s'en tenaient quasi unanimement aux formulations classiques érigées en vérités intangibles.

Quelques essais d'interprétation libérale de la loi religieuse furent pratiquement étouffés dans l'œuf (par exemple : sur les fondements dogmatiques du Califat :

Égypte, 1925 ; sur le statut personnel de la femme : Tunisie, 1930). Une discrète reprise des thèses rationalisantes du mo'tazélisme par Moh. 'Abdouh (m. 1905) – dans son *Épître sur l'unitarisme* – fut très vite reléguée à l'arrière-plan, et seule une édition posthume expurgée sera disponible jusqu'en 1966.

Dans le domaine socioculturel, les aspirations des jeunes modernistes furent constamment contrecarrées par le pouvoir politique (très souvent de type colonial). Durant les deux premières décennies du siècle dernier, la lutte des Jeunes-Algériens, Jeunes-Tunisiens, Jeunes-Tatars, etc., pour l'affirmation de leur identité nationale apparaît comme une réponse islamique aux dominations européennes.

En Afrique du Nord, la résistance culturelle se mue rapidement en résistance politique au lendemain de la Première Guerre mondiale. Dans une autre des grandes aires culturelles de l'Islam, l'idéologie progressiste du *jadidisme* (depuis le début du siècle), si riche de promesses pour les Musulmans d'Europe orientale et d'Asie centrale, sera en définitive annihilée par la machine répressive russe et les purges staliniennes.

Sur les ruines du système ottoman, le kémalisme aurait pu être une voie de renouveau pour la Turquie et pour d'autres pays musulmans. Mais les méthodes autoritaires de Mustafa Kemal et les dérives de sa politique laïciste aboutirent à renforcer le camp des traditionalistes : sunnites classiques, wahhâbites, adeptes du bannâïsme (depuis 1929), au regard desquels l'idéologie kémaliste incarnait l'anti-Islam.

Dans le monde arabe (Machrek-Maghreb), le mouvement national-progressiste n'était pas de taille à triompher des dominations étrangères ni des forces de tradition. En l'absence de tout modèle moderne suffisamment crédible, au sein du monde musulman, les modernistes apparaissaient tantôt comme les suppôts du laïcisme kémaliste (si décrié à l'époque), tantôt comme les partisans de l'occidentalisation.

En Inde, les élites musulmanes étaient mobilisées dans un combat politique dont devait dépendre le statut futur de leur communauté (question du Pakistan). De ce fait, elles n'étaient pas suffisamment disponibles pour la grande œuvre de *Reconstruction de la pensée religieuse de l'Islam* (Moh. Iqbal, 1934). Un tel dessein eût exigé des initiatives hardiment novatrices dans le sillage d'un Sayyid Ahmad Khân (m. 1898) ou d'un Moh. ʿAbdouh (m. 1905). Mais la recrudescence du fondamentalisme et l'agressivité des doctrinaires néo-traditionalistes (comme al-Mawdoudi, à partir de 1939), acculèrent les modernistes à des positions défensives.

Étant donné ces divers facteurs, seul le courant réformiste était de nature à rallier de larges suffrages, en tant qu'il représentait la voie moyenne, conformément à la vocation originelle de la Communauté (Coran, II, 143). Or en ce milieu du XXe siècle, qui devait marquer un seuil de mutations historiques pour le monde musulman, les positions réformistes n'excédaient guère le prudent « criticisme conservateur » prôné par Moh. Iqbal (*The Reconstruction...*, p. 146).

II. – La décolonisation

Les bouleversements planétaires consécutifs à la Seconde Guerre mondiale ont prodigieusement accéléré le processus de libération à travers le monde musulman. De 1945 à 1982, la plupart des pays musulmans colonisés (ou sous tutelle étrangère) accèdent à l'indépendance (Indonésie, 1945 ; Syrie, Liban, Jordanie, 1946 ; Pakistan, 1947 ; Libye, 1951 ; Soudan, 1955 ; Maroc, Tunisie, 1956 ; Malaisie, 1957 ; Guinée, 1958 ; Mauritanie, Mali, Niger, Sénégal, Somalie,

Tchad, 1960 ; Algérie, 1962). Sans oublier des pays où les Musulmans forment l'une des composantes nationales : Nigeria, Cameroun, Côte-d'Ivoire, Togo, 1960 ; Sierra Leone, 1961 ; Tanzanie, 1961-1964, etc.

La décennie de l'après-guerre a marqué pour bien des peuples musulmans la fin de *La Nuit coloniale* (Ferhat Abbas, 1962) ; elle ne leur a pas apporté *ipso facto* la solution de leurs problèmes que suggère le concept de « sous-développement ». Pour certains d'entre eux, l'indépendance politique devait être gravement hypothéquée par un néo-colonialisme économique et culturel subi – bon gré mal gré – par les nouvelles équipes dirigeantes.

Tout n'était pas rose sous *Les Soleils des indépendances* (Ahmadou Kourouma, 1970). La confiscation du pouvoir par un clan dynastique, un parti unique ou une junte militaire, n'était propice ni à l'apprentissage de la démocratie ni au progrès social. Les idéaux islamiques d'égalitarisme et de justice sociale (motivations déterminantes dans les luttes de libération nationale) se trouvaient tantôt occultés par les régimes autocratiques, tantôt évacués au profit d'idéologies étrangères à la tradition religieuse et culturelle des peuples d'Islam.

III. – Nouvelle renaissance

En dépit de conditions sociales, économiques et politiques souvent défavorables, les jeunes nations musulmanes avaient au moins la consolation d'avoir recouvré leur dignité. Pour les États musulmans les plus favorisés, l'Indépendance ouvrait d'exaltantes perspectives et conférait des responsabilités nouvelles :

– dans le cadre des institutions internationales (ONU, Unesco, etc.) ;

– au niveau d'organisations régionales comme la *Ligue des États arabes* (Le Caire, 22 mars 1945), l'*Organisation de l'Unité africaine* (Addis-Abeba, 25 mai 1963) ;
– au sein du *Mouvement des Pays non alignés* (cf. par ex., les Conférences du Caire (1964) et d'Alger (1973) ;
– dans l'OPEP : *Organisation des Pays exportateurs de Pétrole* (Bagdad, 14 septembre 1960), dont les pays musulmans (Algérie, Arabie Séoudite, Émirats arabes unis, Indonésie, Irak, Iran, Koweit, Libye, Qatar) détiennent 89 % de la production totale (au 1er avril 2001) ;
– dans l'OCI : *Organisation de la Conférence islamique* (Rabat, 24 septembre 1969), qui réunit 56 membres.

Instances internationales, forums du Tiers Monde, conférences interislamiques : autant de tribunes qui permettent aux jeunes États musulmans d'affirmer leur identité, et favorisent l'émergence de nouveaux leaders, attachés à la défense des causes nationales autant qu'à la formulation d'une idéologie islamique nouvelle.

IV. – **Les nouveaux leaders**

Au cours de l'ère postcoloniale (1950-1970), le mouvement tiers-mondiste comptera parmi ses figures de proue plusieurs personnalités musulmanes. Ce sont pour la plupart des hommes politiques et des chefs d'État, alors que la période de l'entre-deux-guerres a été marquée par la prédominance des penseurs (notamment de tendance réformiste).

À partir des années 1950, on observe un remodelage du profil politique et culturel du monde islamique. C'est aussi le changement au niveau des symboles. La défense et l'illustration de l'Islam ne sont plus l'apanage des seuls leaders religieux. Du reste, la génération des « grands réformateurs » – et des pionniers de l'Islam politique – est en voie d'extinction :

- Sultan Galiev (1880-1939) tombe dans l'oubli, après avoir incarné la résistance du communisme national musulman face à l'impérialisme russe ;
- Mustafa Kemal (1881-1938) cesse d'être la référence exclusive de la jeunesse turque, laquelle cherche à sortir de son ghetto idéologique (cf. Sabine Dirks, *Islam et jeunesse en Turquie d'aujourd'hui,* Lille-Paris, Champion, 1977) ;
- Mohammed Ali Jinnah (1876-1948), le *Qāïd-i-Azam* (« Guide suprême ») et père fondateur du Pakistan, est encore vivant dans la conscience de sa nation. Son enseignement et son exemple continuent d'inspirer les dirigeants soucieux d'édifier un Pakistan moderne et libéral, en dépit des obstructions et des surenchères des mouvements religieux conservateurs ;
- le roi Abd al-Aziz Ibn Séoud (1881-1953) est le dernier des grands acteurs musulmans de l'histoire dans la première moitié du XXe siècle.

Avec Mustafa Kemal, Moh. Ali Jinnah et Ibn Séoud, c'est une page héroïque de l'histoire contemporaine de l'Islam qui est tournée. Dans les années 1950-1960, c'est la phase de la décolonisation. La libération politique étant acquise pour la plupart des peuples musulmans, le combat se pose alors en termes de libération économique et d'émancipation sociale. Il s'agit de lutter contre les nouveaux impérialismes, les monopoles étrangers (compagnies pétrolières, minières, etc.), et de combattre les fléaux du sous-développement. Ces divers affrontements avec l'Occident projetteront sur la scène internationale de nouveaux leaders : Nasser (1918-1970), Sukarno (1901-1970), Mohammed V (1909-1961), Bourguiba (1903-2000), Ayub Khan (1907-1974), pour ne citer que les principaux témoins de la décolonisation.

Nasser. – C'est avec la nationalisation de la Compagnie du Canal de Suez (26 juillet 1956) que le président égyptien Gamal Abdel Nasser prend figure de héros national et acquiert une large popularité dans le monde arabe. De 1956 (Suez) jusqu'à la défaite de juin 1967, le charisme du président Nasser a subjugué la nation arabe, de l'Euphrate à l'Atlantique. Aux yeux des masses arabes longtemps humiliées, le *nassérisme* signifiait le refus des fatalités historiques. Il représentait la voie de l'espérance.

Dans le vide idéologique des années 1950-1960 (les années fébriles de la décolonisation), le nassérisme s'impose comme le seul discours arabe à la hauteur des circonstances. À titre comparatif, l'idéologie syrienne de la Résurrection arabe *(Ba'th)* apparue en 1940, est encore en recherche. Même après l'accès du Ba'th (« Bass ») au pouvoir à Damas (1963), cette idéologie demeure limitée au triangle Syrie-Liban-Irak ; sa vocation laïque et strictement panarabe ne suscitait aucune adhésion à l'échelle islamique. À l'inverse, le nassérisme avait de larges résonances à travers le monde arabo-musulman.

Par sa stratégie tiers-mondiste (fondée sur la solidarité entre la nation arabe et les peuples d'Afrique, d'Asie et d'Amérique latine), le président Nasser visait à : 1 / renforcer la position des Arabes dans leur dialogue inégal avec l'Occident ; 2 / faire bénéficier le monde arabe de l'expérience des régimes avancés du Tiers Monde en matière de développement économique et social (y compris par la voie du socialisme révolutionnaire, dont les références matérialistes seront assorties d'arguments islamiques).

Le mythe nassérien a nourri la ferveur de toute une génération d'hommes politiques et de réformistes religieux pour lesquels Nasser était le « Grand Frère » et le maître à penser. Tel sera le cas pour le premier président de la République algérienne Ahmed Ben Bella (1963-1965), et pour le leader de la Révolution libyenne, Moammar El Kadhafi.

Sukarno. – Leader incontesté de l'Indonésie indépendante (1945), le président Ahmed Sukarno a dirigé les destinées de son pays jusqu'en 1966. Guide politique avant tout, Sukarno, se voulait le père de la nation indonésienne musulmane. La référence islamique était l'une des constantes de son discours politique, articulé autour des « Cinq Principes » *(Pantja-Sila)* : 1 / nationalisme ; 2 / internationalisme ; 3 / consultation mutuelle (équivalent de la *shūrā* coranique), synonyme pour lui de démocratie représentative ; 4 / sécurité sociale ; 5 / foi en Dieu.

Dans le domaine extérieur, la politique de Sukarno a visé au renforcement des liens culturels et affectifs entre l'Indonésie et le reste du monde musulman.

Avec l'usure du pouvoir, le charisme d'Ahmed Sukarno ne suffira pas pour maintenir les équilibres sociaux. Les fondamentalistes militants ne pardonnent pas à la « démocratie dirigée » de Sukarno d'avoir indirectement favorisé la montée du communisme dans le pays. Après les affrontements sanglants de septembre 1965, le vieux leader sera contraint de faire appel au général Suharto (11 mars 1966) pour sauver le régime.

Ahmed Sukarno figure parmi les chefs historiques du mouvement afro-asiatique dont la Conférence de Bandung (1955) a marqué l'avènement spectaculaire.

Comme le nassérisme, l'idéologie formulée à Bandung inspirera de nombreux jeunes États musulmans en quête de références éthiques à usage interne aussi bien qu'au niveau de leurs relations extérieures.

Mohammed V. – Sultan du Maroc (1927), proclamé roi en 1957, Mohammed Ben Youssef (1909-1961) est l'un des rares souverains musulmans du XXe siècle à avoir si profondément incarné la conscience de leur nation. Les épreuves de sa déposition et de son exil (1953-1955) eurent pour effet de ressouder l'union nationale autour de son nom, devenu le symbole du Maroc en lutte pour son indépendance.

Ultime manifestation de la puissance du Protectorat, le coup de force du 23 août 1953 contre la personne du sultan – descendant du Prophète et *Commandeur des Croyants* – fut ressenti dans le monde arabo-musulman comme un défi à la nation marocaine et une offense à l'Islam. D'où les témoignages de sympathie et de respect dont Mohammed Ben Youssef fut l'objet à travers le monde islamique, durant son exil et à son retour au pouvoir (16 novembre 1955).

Figure quasi légendaire du roi « sans peur et sans reproche », Mohammed V est du petit nombre de leaders musulmans dignes d'être cités en exemple à l'échelle de l'*Umma* tout entière. Il a su administrer la preuve que la représentation de l'Islam au niveau de l'État n'implique pas fatalement l'institutionnalisation de l'obscurantisme et de l'intolérance.

Bourguiba. – Une autre figure charismatique : celle de Habib Bourguiba (1903-2000), le « Combattant suprême », héros de l'indépendance de la Tunisie, et président de la République de 1957 à la date de sa déposition (17 août 1988) par le général Zayn El-Abidine Ben Ali). Comme leader jouissant d'une solide légitimité, Bourguiba a pu imposer son autorité dans tous les domaines de la vie nationale.

Chef d'un État musulman, Bourguiba s'est voulu aussi le pédagogue et le guide de sa nation. À partir de ses orientations, les responsables religieux ont été amenés à prononcer des *fetwas* (avis ayant force de normes légales) sur le jeûne de Ramadan, la condition féminine, etc. La réforme du Code de statut personnel (1956) compte parmi ses impulsions modernistes les plus audacieuses. Dans le sillage d'un penseur comme Moh. Abdouh (m. 1905) ou d'un homme d'action comme Mustafa Kémal (m. 1938), Habib Bourguiba revendique au nom de son peuple le droit à l'*Ijtihād,* ou faculté d'interprétation des sources islamiques en harmonie avec l'évolution des mentalités et des mœurs dans les sociétés modernes.

Ayub Khan. – Chef de l'État pakistanais de 1956 à 1969, le maréchal Mohammad Ayub Khan n'a pas toujours eu la tâche facile. Une dizaine d'années après sa fondation, le Pakistan était encore à la recherche d'une identité. Tensions idéologiques entre modernistes et fondamentalistes, conflits politiques exacerbés par le centralisme bureaucratique au Pakistan oriental (futur Bangladesh) : autant de facteurs d'instabilité pour le Pakistan. Le président A. Khan s'efforça d'engager des réformes démocratiques, sans se laisser intimider par les surenchères démagogiques des opposants religieux (cf. les analyses qu'il donne dans son autobiographie *Friends not Masters,* Londres, 1967).

Sous le régime d'Ayub Khan, le projet constitutionnel divisait profondément le pays. Les activistes religieux réclamaient une constitution islamique (*i.e.* : une constitution élaborée exclusivement par les ulémas et conférant à ces derniers la plénitude des pouvoirs). Le militaire moderniste qu'il était ne pouvait que résister aux prétentions totalitaires du parti clérical, dont le fer de lance était le mouvement Jamâʿat-e-Islami, animé par Abou l-Aʿlâ al-Mawdoudi (1903-1979).

Harcelé sans répit par les ultraorthodoxes (qui le taxaient de laxisme religieux et d'occidentalisme), débordé par l'agitation religieuse qui menaçait de dégénérer en guerre civile, le maréchal dut céder la place à la junte militaire du général Yahya Khan (23 mars 1969). Celle-ci ne pourra ni ramener la paix sociale, ni enrayer la sécession du Pakistan oriental. Deux ans et demi plus tard (20 décembre 1971), ce sera l'effondrement de cette junte et l'émergence d'un nouveau leader, de stature internationale : Zulfikar Ali Bhutto.

Ali Bhutto. – Sans avoir eu le charisme d'un Nasser ou d'un Bourguiba, Zulfikar Ali Bhutto (1928-1979) a représenté un moment d'espoir dans l'histoire contemporaine du Pakistan.

Appelé aux plus hautes charges de l'État après le triomphe de son mouvement, le Parti du Peuple pakistanais (PPP) aux élections du 7 décembre 1970, Ali Bhutto a incarné la légalité républicaine fondée sur le suffrage universel. Il a tenté de reconstruire son pays sur la base d'un credo en quatre points : 1 / l'Islam, notre foi ; 2 / la démocratie, notre politique ; 3 / le socialisme, notre voie économique ; 4 / le pouvoir appartient au peuple.

Bhutto entreprend une action de salut public. Il restaure l'État, après la sécession du Pakistan oriental, parvient à trouver un arrangement honorable avec l'Inde, et un modus vivendi avec le nouvel État du Bangladesh. Le Sommet islamique de Lahore (22 février 1974) marque la rentrée du nouveau Pakistan sur la scène internationale. Mais peu de temps après, Ali

Bhutto est renversé par le coup d'État militaire du général Zia ul-Haqq (4-5 juillet 1977), condamné à mort et exécuté en secret (4 avril 1979). Ce leader musulman libéral fut ainsi brisé dans son élan en vue d'« établir la démocratie et le socialisme sous la conduite de l'Islam », et d'engager sa nation dans la voie d'« un ordre nouveau en harmonie avec la symphonie du Tiers Monde » *(Discours d'Islamabad,* 14 avril 1972)[1].

Le nom de Zulfikar Ali Bhutto s'inscrit dans un long martyrologe de leaders progressistes musulmans depuis les débuts de la décolonisation. Mis à part le roi Mohammed V, les leaders que l'on vient de citer appartiennent à la classe politique. Par leur profil intellectuel et leurs options en matière religieuse, ils sont de la lignée de Mustafa Kemal (moins le laïcisme radical qui caractérisait Atatürk). Les représentants de ce « quasi kémalisme » ont partout été en concurrence, voire en conflit, avec les tenants d'un fondamentalisme qui, sous couvert de *retour aux sources,* n'aboutirait qu'à pérenniser la sclérose de l'Islam et l'emprise des « hommes de religion » sur les sociétés musulmanes.

On fera une mention spéciale du roi d'Arabie Faysal Ibn Abd al-Aziz (1906-1975), dont le rayonnement fut réel, à l'échelle du monde islamique. Depuis son accession au pouvoir (1964) jusqu'à sa mort tragique

1. Une dizaine d'années pls tard, l'hisoire enregistre une revanche posthume de Z. A. Bhutto, par l'intermédiaire de sa fille, Mme Benazir Bhutto, qui gagne les élections législatives (16 novembre 1988), à la tête de son mouvement (le PPP), et se voit confier la charge de Premier ministre de la République islamique du Pakistan (1er décembre). Victoire doublement prometteuse : un espoir pour la démocratie (après onze années de pouvoir autocratique du général Zia ul-Haqq (4 juillet 1977 - 17 août 1988), et la fin d'un tabou quasi religieux en pays d'Islam, avec – pour la première fois –, l'accession légale d'une femme musulmane aux responsabilités de chef de gouvernement.

(25 mars 1975), Faysal s'est consacré à deux grands desseins : à l'intérieur, la modernisation du pays ; à l'extérieur, l'affirmation de la prééminence de l'Arabie Séoudite comme puissance islamique. Outre sa politique de leadership sur la scène arabe (avec le reflux diplomatique de l'Égypte sous le régime d'Anouar El Sadate), le roi Faysal s'est fait peu à peu le porte-étendard d'un néo-panislamisme :

a) En tant que « Serviteur des [Deux] Lieux saints » : en effet, La Mekke, rendez-vous annuel de pèlerins et de dirigeants de tout le monde musulman, est devenue un haut lieu de la stratégie politique du roi Faysal (et de ses successeurs). C'est aussi le siège de la *Ligue islamique mondiale* (fondée en 1962), un puissant instrument de propagation de l'idéologie politique et religieuse du régime séoudite.

b) En tant que porte-parole attitré des thèses musulmanes sur la question de Jérusalem, surtout depuis la guerre d'octobre 1973, date à laquelle le roi Faysal mit son prestige personnel, le crédit de son pays (notamment auprès des États-Unis) et l'argument de son pétrole, au service du camp arabe dans le conflit du Proche-Orient. Ainsi l'affaire palestinienne est-elle devenue un aspect d'une cause islamique plus large, axée sur le symbole d'Al-Qods (Jérusalem).

On complétera ce tableau des nouveaux leaders musulmans par l'évocation de quelques personnages dont le nom est inséparable de l'histoire religieuse du monde islamique à l'époque contemporaine. Ce sont :

Elijah Muhammad. – Fils d'un prédicateur méthodiste de Géorgie, converti à l'Islam en 1931, Elijah Muhammad ne tarda pas à s'affirmer comme le dirigeant suprême des *Black Moslems.* En 1959, une tournée au Proche et Moyen-Orient lui permit d'acquérir une audience internationale. Reçu avec tous les honneurs par les responsables religieux et politiques en Turquie, au Pakistan et dans les pays arabes, Elijah Muhammad se trouva ainsi consacré comme porte-parole de l'Islam afro-américain.

Toutefois des divergences d'ordre politique (notamment avec Malik Shabbaz, « Malcolm X ») et des critiques d'ordre doctrinal (de la part d'organisations islamiques orthodoxes en Amérique du Nord) affaibliront la position de E. Muhammad. Son autorité morale ne fera que décliner dans les années 1960, jusqu'à sa mort (février 1975). C'est l'un de ses fils, Wallace D. Muhammad (*alias* Warith Deen Muhammad), qui lui a succédé comme guide spirituel de l'importante communauté islamique *(The Nation of Islam)* des États-Unis (qui compte environ six millions de fidèles).

Ziā ul-Dīn Bābā Khān (Babakhanov). – Haut responsable de la *Direction spirituelle des Musulmans d'Asie centrale et du Kazakhstan* (l'une des quatre directions officielles de l'Islam dans l'ex-URSS), dont le siège est à Tachkent, le mufti Babakhanov apparaît comme l'une des plus éminentes autorités morales des Musulmans d'Asie centrale.

Saisissant les opportunités offertes par la politique d'amitié affichée par l'URSS auprès de certains régimes arabo-musulmans (Algérie, Syrie, Libye, etc.), le mufti Babakhanov a multiplié les initiatives en vue de : *a)* faire connaître la situation de l'Islam dans les Républiques musulmanes d'Asie centrale ; *b)* nouer des liens entre celles-ci et le reste du monde musulman. Cette « politique » fut notamment servie par l'organisation de conférences internationales (comme celle de Moscou, 9-11 septembre 1980, pour la célébration du début du XVe siècle de l'hégire), et la diffusion d'une revue éditée en plusieurs langues (ouzbèque, arabe, anglais, français) : *Les Musulmans de l'Orient soviétique* (depuis 1968).

Les leaders mentionnés jusqu'ici appartiennent à l'orthodoxie majoritaire *(sunnisme)*. Quant au *chî'isme* (principalement dans le domaine iranien, où il constitue la religion d'État), son isolement jusqu'au milieu du XXe siècle n'a pas permis à ses leaders d'avoir, à l'égal des leaders sunnites, une large audience internationale.

Au lendemain de la Seconde Guerre mondiale, le monde islamique enregistre un élan d'œcuménisme représenté à la fois par des religieux sunnites – comme l'Égyptien Mahmoud Chaltout (1893-1963), recteur d'Al-Azhar – et des dignitaires chî'ites, tel l'ayatollah Husayn Bouroudjirdhi (1875-1962). Ce qui aboutit à la fondation d'un *Office de rapprochement entre les Écoles islamiques* (Le Caire, 1949). Par ailleurs, le mouvement réformiste des *Salafiyya* a rencontré un accueil favorable auprès de certaines composantes de la classe religieuse chî'ite (Iran, Liban, Yémen, etc.).

L'évolution de l'Iran sous le règne de Mohammad Reza Pahlavi (1941-1980) – surtout depuis la chute du ministère de Mohammad Mossadegh (juillet 1953) – a favorisé l'émergence d'une classe religieuse impatiente d'exercer le pouvoir. Les options modernistes du chah suscitent la réprobation des milieux cléricaux, autant que sa politique impériale inspirée, selon eux, d'un paganisme antéislamique (cf. les fastes de Persépolis, octobre 1971). Guidée par l'ayatollah Rouhollâh Khomeyni (1900 - 4 juin 1989), l'opposition religieuse engage un processus révolutionnaire qui triomphe avec le départ du chah (janvier 1979) et l'instauration d'une République islamique (référendum du 30 mars 1979).

Les grands leaders évoqués ci-dessus ne résument pas, tant s'en faut, l'histoire politique et socioculturelle de l'Islam contemporain. Plusieurs autres figures ont marqué plus ou moins durablement l'évolution des peuples musulmans depuis le milieu du XXe siècle. Citons, à titre d'exemple, les noms suivants (par ordre géographique) :

- Allâl al-Fâsî, réformateur et homme politique marocain (1907-1974) ;
- Abd al-Hamîd Ibn Bâdîs (1889-1940), réformateur et leader national algérien ;
- Hasan al-Bannā (1906-1949), fondateur et guide suprême des « Frères musulmans » (Égypte) ;
- Bediüzzaman Said Nursi (1873-1960) : apôtre du ressourcement islamique en Turquie ;
- Abû l-Kalâm Āzād (1888-1958) : éminent représentant du réformisme islamique en Inde ;
- Abû l-A'lā al-Mawdoudi (1903-1979) : chef de file du mouvement fondamentaliste de l'Islam indo-pakistanais ;
- Hadji Agus Sālim (1889-1955), Muh. 'Īsā Anshārī (1916-1969) : leaders réformistes indonésiens.

Penseurs, réformateurs, hommes politiques, les personnages que l'on vient de citer ont généralement incarné une certaine idée de l'Islam, et d'abord comme *principe de mouvement.* La référence islamique est toujours invoquée dans l'intérêt du peuple, de la communauté, et dans une perspective de *libération,* tantôt à l'égard des dominations étrangères, tantôt à l'égard d'influences morales et culturelles jugées incompatibles avec l'authenticité islamique.

V. – Les idéologies de la libération

Durant l'ère coloniale et dans la foulée de la décolonisation, l'Islam a été le fer de lance des idéologies de libération nationale. Avec l'indépendance, la plupart des régimes musulmans ont cherché dans les sources islamiques la légitimation de leur option institutionnelle et de leur projet politique. Qu'ils invoquent un modèle islamique « idéal », ou qu'ils réfèrent à des principes de science politique moderne, ces différents choix idéologiques et institutionnels reflètent autant de lectures des sources islamiques (Coran, tradition du Prophète). Rappelons quelques-uns de ces choix à large diffusion dans le monde musulman.

1. **L'institution républicaine.** – En recouvrant leur souveraineté, un grand nombre de pays musulmans ont spontanément adopté des institutions républicaines. Certains autres ne tardèrent pas à abolir leur régime monarchique antérieur à l'Indépendance (Égypte, 23 juillet 1952 ; Tunisie, 25 juillet 1957 ; Irak, 14 juillet 1958 ; Yémen, 27 septembre 1962 ; Libye, 1er septembre 1969 ; Afghanistan, 17 juillet 1973).

L'option républicaine en pays d'Islam s'explique par plusieurs facteurs : *a)* l'exemple de la Turquie, première république musulmane ; *b)* l'attrait des régimes occidentaux : les chefs historiques des luttes de libération nationale étaient pour la plupart formés à l'École européenne (et admirateurs de Mustafa Kemal) ; *c)* le discrédit de certaines monarchies, souvent compromises avec le pouvoir colonial ou complices des nouveaux impérialismes ; *d)* la conviction que la pratique islamique de la *Shūrā* (« consultation »), coïncide – dans son principe et sa finalité – avec l'institution démocratique du suffrage universel, comme fondement du pouvoir et garant de l'égalité des citoyens.

2. **L'option socialiste.** – Libération politique et projet socialiste apparaissent indissociables dans le programme de la plupart des mouvements nationa-

listes qui ont conduit les peuples musulmans à l'Indépendance. L'idéal socialiste commence à fasciner les élites arabo-musulmanes dès les années 1940 (cf. la genèse du parti *Ba'th* (Syrie), dont l'idéologie – laïque et socialisante – prêche la « résurrection » de la nation arabe et l'exaltation de sa « mission éternelle »).

La notion de socialisme est également véhiculée dans les pays musulmans par la propagande communiste. Mais avec ses références matérialistes et sa négation des valeurs religieuses, le communisme n'a eu qu'une faible diffusion dans le monde musulman, où il fut toujours perçu comme un corps étranger. (Mis à part le cas de l'Indonésie, où le Parti communiste (PKI) sera pendant vingt ans (1945-1965) l'une des composantes du régime. Cf. le slogan de Sukarno : *Nasakom,* symbolisant l'alliance des nationalistes (NAS), de la religion (Agama) et des communistes (KOM).)

De son côté, le mouvement bannāïste fait de la justice sociale l'un de ses thèmes emblématiques. Ses auteurs, tels Sayyid Qutb (*La Justice sociale en Islam,* Le Caire, 1952 ; trad. amér., Washington, 1953) et Mustafa al-Sibā'ī (*Le Socialisme de l'Islam,* Damas, 1959), proposent un projet social assorti de références islamiques.

Pour acquérir droit de cité dans les pays musulmans, le socialisme a besoin d'une légitimation en termes islamiques. Les instances dirigeantes tendent à présenter les options socialistes de leur régime comme parfaitement conformes à l'esprit du message coranique. Telle est la thèse de la Charte nationale algérienne (27 juin 1976) qui proclame (p. 29) : « Le socialisme, en Algérie, ne procède d'aucune métaphysique et ne se rattache à aucune conception dogmatique étrangère à notre génie national. Son édification s'identifie avec l'épanouissement des valeurs islamiques qui sont un élément constitutif fondamental de la personnalité du peuple algérien. »[1]

Bien que plusieurs États musulmans se réclament plus ou moins explicitement du socialisme, leurs différentes expériences socio-économiques sont trop récentes pour que l'on puisse en dégager un modèle de « socialisme musulman ». Ces divers projets socialistes ont pour dénominateur commun : *a)* maîtrise de l'économie nationale, afin de combattre le sous-développement et promouvoir la justice sociale ; *b)* rejet du capitalisme et du collectivisme communiste. Conformément à l'idéal coranique de juste milieu, le socialisme musulman représenterait une voie originale, pour une cité conjuguant solidarisme islamique et justice sociale.

Le socialisme est loin d'être accueilli partout comme la solution miracle pour les problèmes du monde musulman. Certains auteurs le rangent parmi les nombreux « -ismes » importés d'Occident, et dont l'habillage « islamique » relèverait de l'*imposture* (pour paraphraser un titre de l'Égyptien Mustafa Mahmoud, 1978). Fondé dans bien des cas sur la force contraignante d'un parti « unique et inique », le socialisme ne ferait qu' « implanter dans les pays musulmans » une nouvelle aristocratie et une nouvelle bureaucratie (Z. Sardar, p. 69).

3. **La voie révolutionnaire.** – Dans de nombreux pays musulmans, l'idéologie islamique officielle tend à privilégier les concepts de socialisme *(ishtirākiyya)* et de révolution *(thawra),* en tant qu'ils expriment des valeurs inhérentes au message coranique. Dépassant l'orthodoxie classique – relayée aujourd'hui par diver-

1. La révision constitutionnelle adoptée par référendum (3 novembre 1988) supprime la référence au socialisme.

ses formes de fondamentalisme (séoudien, pakistanais, etc.) –, et même le réformisme moderne incarné par l'École du *Manâr,* cette option idéologique s'inscrit dans la logique de la *révolution socialiste,* comme ultime voie de salut : « Pour se régénérer, le monde musulman n'a qu'une issue : dépasser le réformisme et s'engager dans la voie de la révolution sociale » (Charte nationale algérienne de 1976, p. 28).

Quels que puissent être ses convergences avec l'éthique islamique, la révolution sociale emprunte ses schèmes et ses pratiques à certains régimes d'Europe et du Tiers Monde. Ses modèles de référence sont *a priori* récusés par l'idéologie islamique qui se développe depuis deux ou trois décennies, et dont la « Révolution islamique » d'Iran voudrait être l'accomplissement (1979).

4. **L'Islam militant.** – Par la voix de ses leaders et de ses idéologues, l'Islam tend à s'affirmer comme une force nouvelle à l'échelle mondiale, à raison du poids économique et politique de la cinquantaine d'États membres de l'ensemble islamique. Cette dynamique peut être interprétée comme la résurgence d'une volonté de puissance propre à une religion conquérante, là où il s'agit simplement d'une quête de dignité et de liberté.

Ce sont là les aspirations populaires majeures dans le monde musulman. Elles nourrissent les luttes contre les injustices intérieures et les ingérences étrangères ; elles justifient l'affirmation du fait islamique à tous les niveaux de la vie personnelle et collective. D'où l'émergence de mouvements « islamistes » ayant pour slogan : la quête de l'authenticité, et pour objectif : la *réislamisation* de la société et de l'État.

Malgré certaines dérives récentes (sous forme de groupuscules à visées totalitaires), les tendances islamiques ne sauraient être systématiquement taxées de fanatisme et d'intolérance. Car dans son contenu religieux même, le discours islamique se veut porteur d'espérance : celle des peuples longtemps opprimés, et qui trouvent aujourd'hui la force de clamer leur soif de justice et de liberté.

Cette force, ils la tiennent de leur foi ; mais aussi de la prise de conscience de leurs droits et de l'importance croissante du facteur islamique dans la vie internationale.

Chapitre IX

LA DIFFUSION DE L'ISLAM DANS LE MONDE

I. – Approche statistique

En ces débuts du XVe siècle de son histoire (ramadan 1422 = 16 novembre - 15 décembre 2001), le monde musulman fait l'objet de bilans dans tous les domaines. Dans la plupart des études portant sur la situation actuelle de l'Islam, le nombre des Musulmans avoisine le quart de la population mondiale. Qu'en est-il au juste ?

D'après les éléments statistiques disponibles, et vu le rythme de croissance démographique à travers le Tiers Monde (y compris la majorité des peuples musulmans), l'évaluation de la population musulmane globale ne peut être qu'approximative. Cette relative imprécision tient à de multiples facteurs. Ainsi :

1 / vu l'immensité de la Chine, la connaissance des populations musulmanes est purement hypothétique. Même remarque au sujet du sous-continent indien, où la proportion de nationaux musulmans semble se situer à hauteur de 12 % ;

2 / pour certains pays où règne une rivalité d'ordre missionnaire, les sources musulmanes et chrétiennes font rarement état de chiffres concordants. Il en est de même des pays où les statistiques peuvent étayer

des revendications d'ordre politique (Côte-d'Ivoire, Éthiopie, Liban, Nigeria, Philippines, etc.).

Aperçu historique. – La population musulmane globale semble avoir plus que triplé en l'espace de quarante ans (1954-1994). Voici quelques jalons dans la courbe évolutive de la population musulmane mondiale depuis les années 1950 :

1954 : Louis Massignon retient le chiffre de 365 millions, pour l'Afrique, l'Asie, l'Europe et la Diaspora (Océanie et continent américain compris)[1].

1973 : L'*Encyclopédie de l'Islam* fait état d'un chiffre pouvant dépasser les 600 millions[2].

1978 : Estimations de source musulmane[3] : 907 millions, se répartissant comme suit : nations musulmanes, 600 millions ; minorités musulmanes, 229 millions ; territoires non indépendants (y compris les républiques musulmanes d'URSS) : 78 millions.

1987 : Les statistiques émanant des Nations Unies[4] permettent d'évaluer le nombre de musulmans dans le monde à 1 212 millions.

1994 : D'après la même source[5], la population musulmane globale s'élèverait à environ 1,454 milliard.

2001 : Toujours selon la même source[6], la population musulmane globale peut être estimée à hauteur de 1,595 milliard (tableau ci-contre).

1. *Annuaire du Monde musulman,* 4e éd., Paris, PUF, 1955, p. 428.

2. Leiden, E. J. Brill, t. IV (1973), art. Islām (J. Jomier).

3. Ziauddin Sardar, *The Future of Muslim Civilisation,* p. 236.

4. United Nations, *World Statistics in Brief,* New York, 13e éd., 1990 (chiffres valables pour 1987).

5. United Nations, *World Population 1994,* New York, (août) 1994.

6. United Nations, *World Statistics Pocketbook*, 2001 (chiffres valables pour 2000).

Répartition des musulmans dans le monde

Ensembles géographiques ou géopolitiques	*Population musulmane (en millions)*
AFRIQUE	
Afrique du Nord (Grand Maghreb, Égypte)	141,360
Afrique de l'Ouest	140,227
Afrique de l'Est	138,379
Afrique centrale	20,185
Afrique australe	21,065
ASIE	
Pays arabes	101,683
Moyen-Orient (Turquie, Iran, Afghanistan)	157,013
Asie centrale et Fédération de Russie	80,157
Sous-continent indien	393,192
Sud-Est asiatique	218,175
Extrême Asie	142,779
DIASPORA	
Europe	34,800
Amériques, Océanie	6,285
Total	1 595,300

Interprétation. – Ces éléments statistiques indiquent, en chiffres bruts, le poids actuel du monde musulman. Il y entre l'accroissement démographique naturel et les conversions, celles-ci échappant à tout dénombrement plausible. Tels quels, ces chiffres reflètent une indéniable vitalité du monde musulman ; ils suscitent également des hypothèses quant à l'expansion de l'Islam à travers le monde. Pour rendre compte de ce phénomène, plusieurs explications peuvent être avancées :

1. **Le fait des conquêtes.** – Pour expliquer la situation actuelle de l'Islam dans le monde, et bien qu'il s'agisse d'une cause lointaine, on ne peut faire abstraction des conditions de sa diffusion hors de son berceau arabe. L'idée qui se présente d'abord à l'esprit est celle des *conquêtes* musulmanes.

Les conquêtes sont constamment invoquées pour expliquer l'expansion de l'Islam qui, en l'espace d'un siècle, a « ouvert » un espace allant jusqu'au bassin de l'Indus (le Sind), à l'est, et jusqu'au cœur de la Gaule, à l'ouest. Tout comme les croisades pour le christianisme, les conquêtes militaires sont inséparables de l'image historique de l'Islam, au point qu'on le voit parfois désigné comme la « religion du sabre ». De nos jours même, le sabre et la profession de foi *(Nulle divinité que Dieu / Muhammad est l'Envoyé de Dieu)* forment l'emblème de l'Arabie Séoudite. C'est là un vestige des origines du régime, en tant que projection politique de la réforme wahhâbite, qui prétendait incarner une rigoureuse fidélité à l'Islam du premier âge, y compris dans ses visées d'ordre temporel.

L'idéologie séoudo-wahhâbite n'est pas la seule à représenter cet « Islam militant »[1] dont l'émergence sur la scène mondiale constitue l'un des phénomènes majeurs de l'histoire contemporaine. Nombreux sont les mouvements de résistance (aux dominations étrangères, aux régimes nationaux tenue pour illégitimes), ou de réforme religieuse (à tendance populiste ou révolutionnaire), prompts à lancer des appels à la « guerre sainte », tantôt pour défendre le territoire islamique, tantôt pour combattre des « idéologies nocives » imputées à l'Occident.

La permanence des tendances activistes en Islam moderne, la multiplication des conflits armés où

1. Cf. G. H. Jansen, *Militant Islam* (bibliogr.).

l'argument islamique intervient comme principe de légitimation, tout cela conforte certaines thèses tendant à expliquer la dynamique actuelle de l'Islam à la fois par une longue pratique historique et par une tradition doctrinale légalisant l'usage des armes pour la défense ou la diffusion de la foi.

2. **Le facteur politique.** – L'argument de la conquête n'a plus de sens aujourd'hui. Depuis le milieu du XIXe siècle, les dominations coloniales européenne (notamment dans le domaine africain), ont freiné les forces conquérantes de l'Islam. Dans le même temps, le régime colonial a été relativement propice à une diffusion pacifique de l'islamisme. D'abord, parce que le pouvoir colonial a cherché appui sur les chefs traditionnels musulmans, ce qui ne pouvait que favoriser leur influence. En outre, devant l'insuffisance des réponses idéologiques du milieu non musulman, l'Islam apparaissait comme la seule force apte à opposer aux hégémonies européennes une idéologie de résistance[1], en même temps qu'une alternative culturelle illustrée par treize siècles d'histoire et de civilisation.

3. **Les facteurs socioculturels.** – La diffusion de l'Islam en Asie comme en Afrique est souvent expliquée par la facilité avec laquelle la religion musulmane peut s'adapter aux divers milieux culturels. L'Islam apporte une foi, une éthique ; il ne prescrit aucun modèle d'organisation sociale et politique. Ses idéaux de fraternité et de solidarité, ses exigences de justice et d'équité rejoignent les aspirations fondamentales de toutes les sociétés humaines. Du fait que

1. Sur le vécu de l'Islam en Afrique dans le contexte colonial, cf. Martin A. Klein, *Islam and Imperialism in Senegal Sine Saloum, 1847-1914,* Edinburg Univ. Press, 1968.

l'Islam n'institue aucun pouvoir de type clérical, et n'investit nulle personne ou classe sociale d'un quelconque magistère, cela implique que le magistère appartient à Dieu seul. Ce principe constituera le fondement d'une théologie psychologiquement et socialement libératrice.

À ces principes d'ordre général s'ajoutent, pour certains, des considérations d'ordre pratique, faisant ressortir la compatibilité de la morale islamique avec les coutumes locales (par exemple en matière d'éthique sexuelle). De tels arguments réfèrent à la vision occidentale de l'expansion de l'Islam – en contraste avec celle de la diffusion du christianisme[1].

4. **Le point de vue musulman.** – Les arguments avancés de l'extérieur ne sauraient suffire pour expliquer le phénomène de l'expansion historique de l'Islam et sa poussée dans le monde d'aujourd'hui. La plupart de ces arguments portent sur des aspects négatifs, à savoir : les conversions par contrainte, dans la foulée des « guerres saintes » ; l'adoption de l'Islam par réaction à la fois contre le système colonial et le christianisme, et contre les cultures étrangères véhiculées par ces derniers ; l'adhésion résignée à la foi de la tribu, en vertu du conformisme social.

De telles considérations illustrent l'ambiguïté des phénomènes d'islamisation collective, surtout lorsque les faits en cause dénotent des visées dénuées de toute intention d'ordre spirituel (esclavagisme, entreprises hégémoniques à caractère politique ou culturel)[2]. Néanmoins, ces arguments ne prennent pas en compte les valeurs spécifiques de l'Islam et leur possible im-

1. Cf., là-dessus, Amadou Hampâté Bâ, *Oui mon Commandant !,* Paris, Actes Sud, 1994.

2. C'est ce que dénonce Yambo Ouologüem dans *Le devoir de violence,* Paris, Le Seuil, 1968.

pact sur les consciences. *Quid* des libres adhésions à l'*Umma,* une communauté de foi qui exclut les discriminations de races et de classes et institue une « nationalité spirituelle » (Lamartine) transcendant les particularismes identitaires ?

Le réformateur égyptien Moh. ʿAbdouh a défini le point de vue musulman en la matière. Réfutant la thèse des conquêtes militaires (et renvoyant à l'histoire des empires chrétiens et à celle des conquêtes coloniales), il attribue la rapide diffusion de la religion musulmane à la simplicité de ses dogmes, et à l'équité de ses lois. Une telle religion, pense-t-il, « se fraie un chemin jusqu'aux cœurs et pénètre les esprits, sans nul besoin de missionnaires qui dépensent beaucoup de temps et d'argent pour capter les âmes »[1].

L'idéologie islamique met volontiers l'accent sur la vocation libératrice de l'Islam et sur son éthique sociale égalitaire. Elle proclame l'aptitude de l'Islam à fournir aux hommes des réponses là où les autres religions et idéologies semblent désarmées face à la crise morale des sociétés dominées par la frénésie de la production et de la consommation.

Ainsi s'expliquerait la progression que connaît l'Islam à travers le monde, en dépit de son faible rayonnement dans le domaine de la civilisation matérielle. Si le monde de l'Islam n'est guère en mesure d'offrir *hic et nunc* une alternative crédible par rapport aux civilisations à haut niveau scientifique et technologique, il peut en revanche conférer une plénitude affective de nature à prémunir contre les aliénations du monde actuel. Cette plénitude affective est constamment revivifiée par le sentiment d'appartenir à une communauté de peuples ayant un sens aigu de leur fraternité et de leur profonde solidarité humaine.

1. *Exposé de la religion musulmane,* p. 128.

II. – L'apostolat islamique dans le monde contemporain

La présence islamique dans le monde actuel se manifeste non seulement sur la scène politique et diplomatique, mais aussi à travers une activité missionnaire qui tend à se déployer selon des modalités d'inspiration chrétienne. Ce phénomène mérite explication, car cette forme d'apostolat constitue un fait nouveau dans l'histoire religieuse du monde musulman.

1. **L'apostolat traditionnel.** – On a vu plus haut que la force des armes ne saurait, à elle seule, expliquer la diffusion de l'Islam aux premiers siècles de son histoire. Dans les lointaines contrées (Sud-Est asiatique, Chine, etc.), au-delà de la continuité territoriale des empires islamiques, la question de l'expansion militaire ne se pose pas ; on parlera plutôt d'une lente pénétration, favorisée soit par l'œuvre de missionnaires solitaires, soit par la dynamique des ordres religieux voués à la propagation de l'islamisme.

On méditera à ce sujet la remarque de J.-H. Jansen, sur le fait que « de vastes étendues d'Afrique noire et des myriades d'îles d'Indonésie ont pu être gagnées à l'Islam par la piété et la force morale de vagues successives de personnalités mystiques. Cette histoire aux dimensions épiques attend encore d'être narrée. Elle le sera probablement par quelque futur romancier de génie » (Jansen, *Militant Islam,* p. 44).

Si l'histoire de l'Islam n'est pas exempte de gestes missionnaires, la *da*ʿ*wa* dans le monde musulman n'a pas pris une forme institutionnelle à l'instar du christianisme, notamment sous l'égide de la papauté. En eux-mêmes, les enseignements coraniques ne sont pas de nature à déterminer une obligation de prosélytisme. « Point de contrainte en religion », proclame le Coran

(II, 256) ; « À vous votre religion, à moi la mienne » (CIX, 6) ; « Dis : Croyez-y [au Coran] ou n'y croyez pas » (XVII, 107) ; « Ce n'est pas toi qui pourras guider qui tu veux ; c'est Dieu qui guide qui Il veut » (XXVIII, 56). De tels préceptes inciteraient plutôt à se fier à la grâce de la Parole révélée. Encore faut-il que cette Parole soit annoncée aux hommes. D'où l'idée de la nécessaire diffusion du message coranique au-dedans comme au-dehors du territoire de l'islamisme. Cette idée se renforce à l'époque moderne, en raison même de l'ampleur de l'apostolat chrétien en terre d'Islam depuis les débuts du XIXe siècle.

2. **L'éveil missionnaire du monde musulman.** – On a déjà noté (p. 25) le rôle stimulant qu'a eu dans le monde arabe le renouveau des communautés chrétiennes, sous l'impulsion des missions protestantes et catholiques. Cette œuvre missionnaire n'eut certes pas pour effet immédiat de susciter une parade musulmane, sous forme de missions destinées à islamiser les peuples présumés païens, voire à porter la parole coranique parmi les pays de chrétienté.

Cela dit, les pionniers de l'action missionnaire en Islam moderne n'ont pas été insensibles à l'exemple chrétien. Parmi eux, citons Rachid Rida (1866-1935), l'infatigable vulgarisateur du réformiste musulman moderne. R. Rida a été le premier dans le monde arabe à penser la formation de missionnaires musulmans, compte tenu des besoins de l'époque. On lui doit la fondation d'un centre de missiologie dans l'île El-Roda (Le Caire), en mars 1912. Des candidats y affluèrent de tous les horizons du monde islamique. Cette initiative de R. Rida et ses écrits – notamment dans sa très influente revue *Al-Manār* – contribuèrent à familiariser l'opinion musulmane avec l'œuvre missionnaire.

La période de l'entre-deux-guerres a vu la formation d'un mouvement qui aura des incidences retentissantes dans la vie politique et religieuse du monde arabe à partir des années 1950. Il s'agit de l'*Association des Frères musulmans,* constituée en avril 1929 (à Ismaïlia), autour d'un enseignant et prédicateur, Hasan al-Bannā (1906-1949). Avant même la création de ladite association, H. al-Bannā avait envisagé de fonder une institution pour la formation de prédicateurs et de missionnaires. La vocation missionnaire du mouvement est affirmée en tout premier lieu dans l'exposé des principes distinctifs l' *« Association des Frères musulmans »* (AFM).

Dans un message au Ve Congrès de l'AFM (février 1939), H. al-Bannā définit les références identitaires de son mouvement : *Salafiyya* (voir *supra,* p. 21) ; sunnisme (orthodoxie) ; soufisme ; il en expose les buts, en tant que : formation politique ; structure pour la promotion d'activités sportives ; ligue à buts scientifiques et culturels ; société économique ; idéologie sociale.

Pour atteindre ses objectifs, le mouvement bannâïste aura à sa disposition différents moyens d'action : séminaires pour la formation de missionnaires ; associations pour l'encadrement des jeunes ; centres de prédication religieuse ; édition de brochures et livres de poche, pour le grand public ; publications, dont la revue *Al-Muslimūn* (Les Musulmans), Le Caire - Damas, 1951, puis Genève, à partir de 1961).

L'idée missionnaire faisait donc son chemin à travers le monde musulman dans la première moitié du siècle dernier. À la phase de tâtonnements succédera une prise de conscience de nouvelles perspectives de l'apostolat islamique, à l'intérieur comme à l'extérieur de l'*Umma,* compte tenu des possibilités offertes par les techniques modernes de communication.

3. **Vers un nouvel apostolat : la daʿwa.** – La *daʿwa* (en arabe, appel, apostolat) n'est pas étrangère à l'esprit de l'Islam, car elle a pour fondement coranique : « Appelle à la voie de ton Seigneur... » (XVI, 125).

Les théologiens modernes ont élaboré une doctrine de l'apostolat musulman en réponse à cette exhortation coranique d' « appeler à Dieu ». Le grand réformateur algérien Ibn Bâdîs a formulé les points essentiels de cette doctrine : « C'est une obligation pour chaque musulman d'appeler à Dieu. Il faut prêcher et sans cesse prêcher, dut-on n'être suivi par personne. C'est Dieu qui guide ou égare ; ce qui nous incombe à nous, c'est de transmettre » [le message révélé]. L'auteur énumère les différents aspects de cet apostolat. Notons ceux qui réfèrent précisément à l'œuvre missionnaire : « C'est appeler à Dieu que d'exposer les arguments de l'Islam, réfuter les préjugés entretenus à son sujet, faire connaître ses beautés parmi les non-musulmans afin qu'ils y adhèrent, et parmi les musulmans peu convaincus, pour les affermir dans la foi. »[1]

Depuis les années 1960, la nécessité de « transmettre le message » *(tablīgh)* apparaît comme une idée-force chez les auteurs musulmans. Pour les uns, il s'agit réellement de *réislamiser* les sociétés musulmanes. Dans ce dessein, l'effort portera sur le culte et l'observance de la loi islamique *(Sharīʿa)*. Pour d'autres, la mission religieuse consiste simplement à porter la parole de l'Islam parmi les non-musulmans.

L'action missionnaire islamique est encore en recherche. Certains auteurs préconisent des méthodes inspirées de l'expérience chrétienne dans ce domaine, en privilégiant trois types de tâches : prêcher, enseigner, soigner ; tandis que d'autres invitent à dépasser le stade des « performances » individuelles, pour pen-

1. Cf. notre *Ibn Bâdîs, Commentateur du Coran,* p. 102-110.

ser la mission en termes d'organisation « éclairée, dynamique et multidimensionnelle »[1].

Au cours des dernières décennies, l'œuvre missionnaire islamique s'est graduellement développée, sous l'égide de nombreuses organisations, notamment :

- Arabie Séoudite : *Ligue islamique mondiale* (*Rābitat al-ʿĀlam al-Islāmī,* La Mekke, mai 1962) ;
- Indonésie : *Dewan Daʿwa Islamijah Indonesia,* Office indonésien de la Mission islamique (mai 1967) ;
- Pakistan : *World Federation of Islamic Missions* (Fédération mondiale des Missions islamiques, Karachi) ;
- des centres missionnaires existent dans d'autres pays (Émirats arabes unis, Libye, etc.) ;
- en Égypte, l'Université d'Al-Azhar dispose d'un *Département de missiologie* ; le mouvement Ahmadiyya (d'origine pakistanaise) entretient des missions sur tous les continents, principalement en Europe et en Amérique du Nord ;
- aux États-Unis, la Communauté islamique afro-américaine *(The Nation of Islam)* s'est transformée depuis 1975 en « Mission de l'Islam en Occident » (*The Mission of Islam in the West,* siège : Chicago) ;
- à noter enfin le *Ier Congrès mondial de la Daʿwa islamique* réuni à Khartoum (30 mars - 1er avril 1981).

Le nouvel élan missionnaire que l'on observe dans le monde musulman témoigne d'une fidélité à l'Islam originel (ce que tendent à exprimer les divers courants « fondamentalistes ») ; il exprime en outre une volonté

1. Muh. Fazlur Rahman Ansari, *The Qur'anic Foundations...*, vol. II, p. XXVI.

d'impulser une dynamique (socioculturelle et politique) digne de celle qui a marqué la civilisation musulmane dans sa première grandeur.

Ce nouvel esprit missionnaire s'autorise d'une vision moderne du Jihâd, ce « grand effort dans la Voie de Dieu », généralement perçu de l'extérieur comme un activisme religieux débouchant fatalement sur la « guerre sainte ». L'éthique islamique contemporaine tend à mettre l'accent sur les aspects constructifs et pacifiques du Jihâd : un combat pouvant revêtir toutes sortes d'œuvres sociales et culturelles, du niveau le plus humble jusqu'aux grandes causes exigeant des sacrifices, dans l'intérêt supérieur de la Communauté comme au service de l'Humanité tout entière.

Cela étant, on ne perdra pas de vue la permanence de tendances triomphalistes pour lesquelles : *a)* par nature, l'Islam est appelé à s'étendre (adage classique) ; *b)* la Communauté islamique ne saurait abdiquer devant les épreuves historiques, ni renoncer à une conception « virile » du *Jihād*[1].

III. – L'Islam en marche

Depuis quelques décennies, l'Islam est entré dans une phase de mouvement qui le porte tantôt à se tourner vers les sources fondatrices, tantôt vers de nouveaux horizons, sous la fascination des idéologies révolutionnaires. Fondamentalisme et (ou) dynamique sociopolitique apparaissent aujourd'hui comme les références obligées de tout discours islamique. Ces mêmes références constituent le soubassement idéologique de nombreuses institutions qui se donnent pour objectif à la fois de servir la cause islamique (à l'échelle régionale ou internationale) et de promouvoir l'unité et la solidarité des peuples musulmans.

1. Fazlur Rahman, *Islam,* p. 37.

1. **Les voies de l'unité.** – Après la décolonisation, le réflexe unitaire a joué presque partout à travers le monde musulman, à la fois au niveau religieux (en faveur de l'œcuménisme), et politique (pour la concertation et la coopération interislamiques).

A) L'œcuménisme islamique a d'abord été largement servi par l'idéologie réformiste moderne, depuis la fin du XIXe siècle (Inde, monde arabe, etc.). Dans la période de l'entre-deux-guerres, le débat sur le thème du califat (*supra,* p. 75) a mis en relief les contradictions des thèses panislamistes ; mais il a été le révélateur de tendances œcuméniques. Celles-ci posent la question de l'unité islamique au plan de la foi (au lieu de la politique), et plaident pour le rejet des oppositions indûment entretenues par les Écoles, notamment quant à la conception de la loi religieuse. Les auteurs réformistes ont milité pour le dépassement du sectarisme d'Écoles. Pour Ibn Bâdîs (m. 1940), « ce qui vaut pour tous les hommes et tous les temps, c'est l'Islam avec toutes ses écoles, et non pas une seule, ou certaines d'entre elles, quelles qu'elles soient » (*Al-Shihāb,* novembre 1938, p. 130).

Cette tendance unificatrice aboutira au lendemain de la guerre (1949) à la création au Caire d'un *Office de rapprochement entre les écoles* (sunnites et chî'ites). Dans le même temps (février 1949, à Karachi), une conférence interislamique tente de relancer le *Congrès musulman mondial* (CMM), issu du Congrès panislamique de Jérusalem (1931), qui n'avait pas survécu au partage de la Palestine (1947). C'est chose faite, deux ans plus tard (à la IIe Conférence de Karachi, février 1951). Cet organisme s'est fixé pour but de « populariser le concept idéologique d'une Communauté islamique mondiale » et d'établir entre les membres de celle-ci « des liens de bonne volonté, de compréhension et d'unité ».

Depuis les années 1970, l'*Organisation de la Conférence islamique* (OCI) tend à éclipser le CMM (dont elle sert les mêmes objectifs, mais avec des moyens plus efficaces, en tant qu'organisation intergouvernementale). En outre, le CMM se trouve en concurrence avec d'autres organisations interislamiques financées par certains États (Arabie Séoudite, Indonésie, Libye, etc.) et, comme telles, appelées à conjuguer cause islamique et idéologie nationale.

Bien que les activités panislamiques se développent autour de plusieurs pôles – du Maroc au Pakistan –, c'est La Mekke qui tend à devenir le centre privilégié de la concertation islamique. Le grand pèlerinage annuel est en effet l'occasion de rencontres entre dirigeants musulmans, dans une ambiance propice à la sérénité ; c'est aussi le lieu d'un large brassage d'idées entre des millions d'hommes venus de tous les horizons de la planète. Grâce au pèlerinage à La Mekke, enfin, les représentants des minorités musulmanes isolées prennent conscience d'appartenir à une grande communauté qui se veut fraternelle et solidaire.

B) La *solidarité islamique* est l'un des objectifs prioritaires des États musulmans qui, au sortir de l'ère coloniale, avaient plus que jamais besoin de renforcer leurs liens de coopération. Ainsi, lors du Ier Sommet islamique de Rabat (22-25 septembre 1969), suite à l'incendie de la Mosquée *Al-Aqsā* (Jérusalem, 21 août 1969), et malgré leurs divergences idéologiques, les pays musulmans ont cherché à définir une position commune vis-à-vis du sionisme. Dans la foulée du Sommet de Rabat, la *Conférence islamique des ministres des Affaires étrangères* deviendra l'organe institutionnel de la concertation et de la coopération entre États musulmans, sous le titre d'*Organisation de la Conférence islamique* (OCI, siège : Jeddah)[1].

Outre son action diplomatique proprement dite (missions de bons offices, etc.), l'OCI anime la coopération entre les pays musulmans au moyen d'organismes spécialisés, comme : l'Organisation islamique pour l'éducation, les sciences et la culture (ISESCO), l'Agence islamique d'information (INA), le Fonds islamique de solidarité (IFS), la Banque islamique de développement (IDB).

Organe de liaison entre les membres d'un vaste ensemble géopolitique et culturel, l'OCI peut difficilement jouer un rôle unificateur à l'échelle du monde islamique. Du moins peut-elle maintenir le dialogue entre des peuples frères et néanmoins séparés par des barrières idéologiques et parfois injustement dressés les uns contre les autres par des régimes antagonistes.

2. **Les tentations du triomphalisme.** – L'image d'une *Umma* pacifique et solidaire, fait partie des représentations qui flattent la sensibilité musulmane. Mais que penser des échecs historiques du monde musulman depuis le début du XXe siècle ? *Quid* de l'impuissance des États musulmans face aux malheurs qui frappent certains peuples *frères* ? Que dire des injustices ou des atteintes aux droits de l'homme qui sévissent dans certains pays se réclamant du message islamique ?

Devant ces dures réalités, de nombreuses voix musulmanes s'élèvent pour récuser l'optimisme excessif des uns ou le triomphalisme des autres. À cet égard, la littérature missionnaire est prompte à nourrir les illusions qui bercent l'imaginaire collectif dans le monde

1. La charte de l'OCI est adoptée à la Conférence de Jeddah (29 février - 4 mars 1972).

musulman. Tant il est facile de mettre en vedette certaines conversions[1] ou de majorer les progrès de l'Islam à travers le monde, au point de pouvoir prophétiser : « Le futur appartient à l'Islam – et à l'Islam seul » (F. R. Ansari, *op. cit.*, I, p. XXXV).

La réalité des faits inciterait à des jugements plus humbles, en particulier dans le domaine missionnaire, où l'on aurait des raisons de penser que : *a)* l'avance numérique de l'Islam en Afrique, par exemple, équivaudrait tout juste au taux de croissance naturelle des populations dudit continent ; *b)* en matière de statistiques, la fascination du nombre est souvent injustifiée, eu égard aux conditions de vie des peuples concernés : démographie galopante, extrême pauvreté, impact des catastrophes naturelles (le cyclone du 30 avril 1991 au Bangladesh a fait environ 200 000 morts et 10 millions de sans-abri) ; *c)* la *Da'wa* consisterait surtout en discours (lors de nombreux et coûteux symposiums internationaux), plutôt qu'en services réels et en projets concrets visant à améliorer le sort des populations déshéritées d'Afrique et d'Asie. Dans certains pays à majorité musulmane, l'œuvre des missions chrétiennes en matière d'enseignement et de santé serait beaucoup plus significative que celle des missions islamiques dans ces mêmes domaines[2].

À la lumière de ces faits, des critiques n'hésitent pas à dénoncer : l'archaïsme du discours islamique contemporain et sa tendance démagogique ; la perversion de l'idéologie *islamique* qui, au lieu d'affirmer sa vocation libératrice, est devenue argument de légitimation pour des dominations de type féodal ; la

1. Cf., là-dessus, Lisbeth Rocher et Fatima Cherqaoui, *D'une foi l'autre. Les conversions à l'Islam en Occident,* Paris, Le Seuil, 1986, p. 7.

2. Tariq Qurayshi, Islamic Dawah : Myth and Reality, *The Journal (MWL),* janvier 1981, p. 43.

confiscation de l'Islam par des « hommes de religion » plus soucieux de leurs intérêts que du *service* du peuple ; l'attachement des régimes autocratiques aux impératifs d'ordre (légal et moral) plus qu'aux valeurs de justice sociale et de liberté, conformément au message originel de l'Islam.

Ces tendances critiques visent à fonder l'idéologie islamique contemporaine non sur un vague idéalisme référant à un passé mythique, mais sur les réalités d'un monde devenu multipolaire, et dont le devenir passe nécessairement par l'interdépendance des peuples et le dialogue des civilisations. Un monde où, par conséquent, les nations islamiques ne sauraient se donner pour ultime raison de former un ensemble monolithique et fermé aux résonances extérieures.

POSTFACE

Depuis les dernières années du XXe siècle, le monde de l'Islam enregistre une série de dates cruciales, à l'échelle historique autant qu'au plan symbolique. La place ne suffirait pas, ici, pour énumérer tant d'événements qui représentent, pour les peuples musulmans, de graves sujets d'interrogations et d'inquiétudes au seuil du troisième millénaire.

Le monde musulman n'est pas encore guéri des traumatismes causés par la « guerre du Golfe » (2 août 1990 - 3 avril 1991), l'horreur du « nettoyage ethnique » en Bosnie-Herzégovine (1997-1999), puis au Kossovo (1998-1999), la tragédie du peuple palestinien, singulièrement médiatisée depuis la seconde *Intifada* (28 août 2000) ; idem pour les *guerres oubliées* qu'endurent les populations musulmanes au Cachemire, en Tchéchénie, etc. En revanche, dans le monde libre, les grands acquis de l'histoire contemporaine relèvent d'une dynamique nouvelle, visant à promouvoir la paix, le progrès social et les Droits de l'Homme, notamment parmi les nations européennes récemment affranchies du joug soviétique. Si la chute du Mur de Berlin (9 novembre 1989) a sonné la débâcle de l'univers totalitaire en Europe, aucun événement d'égale portée symbolique n'a depuis marqué l'histoire des pays musulmans (mis à part le cas des Républiques musulmanes de l'ex-URSS, qui accèdent à la souveraineté, au sein de la Communauté d'États indépendants (CEI), le 22 octobre 1993).

À l'inverse, c'est plutôt le désarroi qui gagne la plupart des peuples musulmans, à proportion des revers qu'essuie l'Islam à travers le monde. Aux misères internes, directement ou indirectement imputables à certains régimes nationaux, s'ajoutent les injustices découlant du nouvel ordre international. L'hégémonisme des surperpuissances pèse de plus en plus sur le destin des peuples musulmans, qui se sentent en perpétuelle lutte contre l'adversité. Cette adversité se définit, à leurs yeux, par des discours et des postures qui s'apparentent à une reprise de croisade contre l'Islam.

Par les attentats du 11 septembre 2001, dirigés contre les États-Unis d'Amérique, à New York et Washington, certains desperados du monde musulman ont déclaré la guerre au système américain, perçu comme l'incarnation d'un impérialisme à visée planétaire. Vu leur retentissement catastrophique, ces tragiques événements risquent d'assombrir le futur du monde islamique pour de longues années. Qu'en retenir, pour simplifier ? D'un côté, c'est le plus cruel déchaînement de barbarie, plongeant des milliers d'innocents dans un enfer de souffrances et de mort ; à l'opposé, c'est une lecture à tonalité messianique, tendant à justifier la colère vengeresse des peuples humiliés.

Rien ne sera plus comme avant le septembre noir de l'an 2001. Qui oserait, désormais, décréter la culpabilisation et la diabolisation collectives, choses que l'Islam récuse ? Qui pourrait valider maints discours à références religieuses, échafaudant des thèses qui dénaturent l'essence du message islamique ? Comment ne pas souhaiter l'émergence, en terre d'Islam, d'une haute instance de vérité, susceptible d'inspirer la confiance et le respect, à l'instar des grandes figures charismatiques de notre temps ? L'absence d'une telle instance morale manque cruellement au monde musulman. L'anarchie des magistères n'a que trop longtemps servi les prophètes de malheur, qui tablent sur le « choc des civilisations », et se répandent en diatribes contre la presque totalité du genre humain. À cause de tels discours, c'est l'islamisme – « religion de Mahomet » (le *Littré*) – qui se trouve aujourd'hui discrédité, à force d'amalgames inspirés par l'ignorance ou les préjugés.

Mais passé le choc émotionnel, la raison saura ramener l'« effet Afghanistan » à ses strictes dimensions. Car les valeurs d'humanisme, de bonté et d'hospitalité imprègnent l'immense majorité de la Communauté islamique. Il faudra encore du temps, sans doute, pour que le monde de l'Islam cesse de faire peur, au point d'être injustement désigné comme le nouvel « empire du Mal ». Or il est urgent que les valeurs islamiques soient restaurées dans leur vrai statut, parmi les sources nourricières de la civilisation universelle. Les initiatives pédagogiques et médiatiques ne seraient pas de trop dans cette nécessaire entreprise de justice et de vérité.

Aujourd'hui que nombre d'entre elles se trouvent réduites au rôle de *Suppliantes* (Eschyle), ou à l'état de souverainetés surveillées, les nations musulmanes gagneraient à pacifier elles-mêmes l'espace islamique, afin d'en éliminer les facteurs de frustrations sociales et d'insécurité, mais aussi pour y promouvoir les valeurs démocratiques : toutes choses de nature à dynamiser les forces de progrès en pays d'Islam, et par là même à y résorber les facteurs d'obscurantisme et d'intolérance.

BIBLIOGRAPHIE

Cette liste ne reprend que les titres cités dans le texte. Elle signale des auteurs musulmans dont les œuvres, outre leur apport scientifique, ont valeur de témoignage. Malgré la richesse des apports arabes dans ce domaine, on a dû s'en tenir aux études accessibles en français ou en anglais.

GÉNÉRALITÉS. PROBLÉMATIQUE DU MODERNISME

ʿAbduh Muhammad, *Risālat al-Tawhīd,* Le Caire, 1897 ; trad. franç. par B. Michel et Moustapha Abdel Razik : *Rissalat al Tawhid. Exposé de la religion musulmane,* Paris, Geuthner (1925), 1965.

Ahmad Aziz, G. E. von Grunebaum, *Muslim Self-Statement in India and Pakistan. 1857-1968,* Wiesbaden, O. Harrassowitz, 1970.

Ahmad Aziz, *Islamic Modernism in India and Pakistan, 1857-1964,* Oxford Univ. Press, 1967.

Ameer Ali, *The Spirit of Islam (1922),* London, Chatto & Windus, 1978.

Ansari Muh. Fazl-ur-Rahman, *The Qur'anic Foundations and Structure of Muslim Society,* Karachi, 1977, 2 vol..

Encyclopédie de l'Islam / The Encyclopaedia of Islam, Brill, Leiden.

Iqbal Mohammad, *The Reconstruction of religious thought in Islam,* Oxford, 1934 ; trad. franç. par Eva Meyerovitch, *Reconstruire la pensée religieuse de l'Islam,* Paris, 1955.

Islam Today / L'Islam aujourd'hui (anglais-arabe-français), Publications de l'ISESCO (Rabat).

Jansen G. H., *Militant Islam,* London, Pan Books, 1979.

Mansour Fahmy, *La condition de la femme dans la tradition et l'évolution de l'islamisme,* thèse, Paris, F. Alcan, 1913.

Merad Ali, art. « Islāh » (Réforme, réformisme), *Encyclopédie de l'Islam,* t. IV, 1973, p. 146-170.

– *L'exégèse coranique,* Paris, PUF, coll. « Que sais-je ? », 1998.

– *La tradition musulmane,* Paris, PUF, coll. « Que sais-je ? », 2001.

Bhutto Zulfikar Ali, *Thoughts on some Aspects of Islam,* Lahore, Ashraf, 1976.

Gardet Louis, *Les hommes de l'Islam,* Paris, Hachette, 1977.

Rahman Fazlur, *Islam,* 1966 ; 2e éd., Univ. of Chicago Press, 1979.

Saïd Edward W., *Orientalism,* London, 1978, trad. franç. : *L'Orientalisme. L'Orient créé par l'Occident,* Paris, Le Seuil, 1980.

Sardar Ziauddin, *The Future of Muslim Civilisation,* London, Croom Helm, 1979.

United Nations, *World Statistics Pocketbook,* New York, 2001.

TABLE DES MATIÈRES

Imprimé en France
Imprimerie des Presses Universitaires de France
73, avenue Ronsard, 41100 Vendôme
Mai 2002 — N° 49 194